任性出版

U0012306

女人不能太單純

被黑、被渣、被排擠？
女人單純惹人愛，太單純就有大困擾，

不勾心鬥角也能幸福一生的醒腦書。

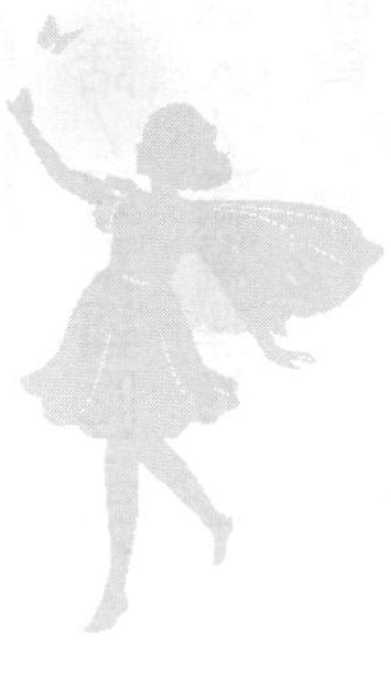

女性情感作家、專業媒體策劃人
胡南 ——— 著

CONTENTS

第七章　幸福一生的密碼

推薦序
適應、平衡與調和，女性最大的力量

女力學院校長／S姐

在當今社會，女性經常面臨多重角色的挑戰。女性渴望擁有屬於自己的舞臺，在財務和時間安排上有相對的自由、過自己理想的生活；但另一方面，她們可能又需要照顧年邁的家人與年幼的子女。這兩種看似矛盾的需求，往往使許多女性難以在工作與生活之間找到平衡。

社會逼著我們長大、扮演多種角色，想要單純平凡的過人生，卻又被各種現實纏繞著。

實際上，生活與職場最大的重點，在於能否維持健康、平安、幸福及快樂的心態。每一次的適應都代表著一種成長，無論是適應新的工作環境、生活樣貌，還是新的社交圈子，都是自我提升的機會。**成熟的女性，並不是以年齡來界定，而是保持開**

放、成長的心態，並不斷破框思考。

在創業女力學院的多年經驗中，我們相信，女性擁有子宮能量，能散發陰性與柔軟的力量，剛柔並濟，在家庭、事業與生活上遊刃有餘，有手腕也有韌性。「成長」這個詞，是持續建立學習習慣和對未來想像的不斷調整，同時也決定了女性能夠承受的風險。

請閉上眼睛，想想三位妳最在意的對象。這三個人當中，有妳自己嗎？只要妳心裡有自己，很多事情就不是委屈，而是成全。

對於家庭，我們樂於付出，因爲那是打從心底的安全與歸屬感。雖然我們無法選擇原生家庭，但可以在心態與想法上調整自己。

在事業與職場上，我們享受付出，就算有許多挑戰，卻是成就感與貢獻感的重心來源。

關於生活，雖然總有不如預期的時候，但我們仍有意識的培養價值感與儀式感。至於愛情，我們能理解幸福感來自內心的滿足，不單純來自於另一半的稱讚。

在摸索自己的道路上，我們透過大量人生探索與體驗，創造出個人價值感，顯化理想的生活樣貌。

而在人際關係上，不只是多說話，而是要懂得說話，並知道何時該行動、何時該靜默，享受時間的美感，就算偶爾會沮喪失落，也不附和他人的期望。

對於獨立，我們擁有富足的底氣，即使偶爾會焦慮，但這也是成長的動力來源。

我曾羨慕許多女性身上散發的氣質、風度、品味和自信，也一度想要模仿。但我發現，我所羨慕的這些特質，都是她們在人生的各個階段中，透過不斷歷練和自我反思所累積而來。回過頭來看自己，不也是如此嗎？我爲什麼不好好享受人生的喜怒哀樂呢？所有事情都是體驗，當我心態放鬆了、看開了，複雜的事情都能變簡單，而這份單純，是我選擇的單純。

女性真正的力量，來自於平衡與調和，從每一次的適應中培養更強大的適應力、找到新的自我，從每一次的挑戰中提煉出更堅韌的心靈。打造幸福的起點，就從自己開始。

前言 女人不能太單純

做個單純的女人並沒有錯，也不是壞事，每個人都希望能用可愛、單純的眼光來審視世界。單純沒什麼不好，但要學會保護自己！所以，面對社會上一些人事物，當妳無法改變他們時，就需要改變自己，努力讓自己適應這個社會。如果不想處處碰壁，就必須懂一些人情世故，掌握交際禮儀和溝通技巧，才能靈活處世。

有些人可能會問：難道我們也要學習耍心機、玩手段，違心、虛僞、狡詐的迎合別人，鑽漏洞，甚至占人便宜嗎？當然不是，人在善良、眞誠、寬容的基礎上，也應該明白「水流不腐，人活不輸」的道理。也就是說，**做人不能始終一成不變，應該根據環境變化，自身也要有相應的改變**。

至於做事，則要掌握分寸、謹言愼行，以禮行天下，智慧而靈活的待人接物。俗話說得好：「害人之心不可有，防人之心不可無。」在這個競爭激烈、甚至殘酷的社會，每個人都要具備一些為人處世的方法和技巧，這就是我們維護自身利益的工具。

本書從日常生活、人際交往、職場和婚姻愛情等方面，介紹一些能讓妳在這個社會上紮穩根基的技巧。教妳如何擴大自己的人際交往範圍、通曉做人玄機，熟諳職場中各項規則。尤其是善用自己的優勢，剛柔並濟，做一個職場、情場都成熟的女人。

身為女人，妳不能太單純，做人、做事都要運用智慧，這是當代女性在社會上生存，必須具備的本事和必須遵守的規則。若妳能有所領悟，並運用本書所寫的這些技巧，相信不管妳在任何環境中，再複雜的人際關係也能遊刃有餘。

第一章

學歷、能力，不如社會適應力

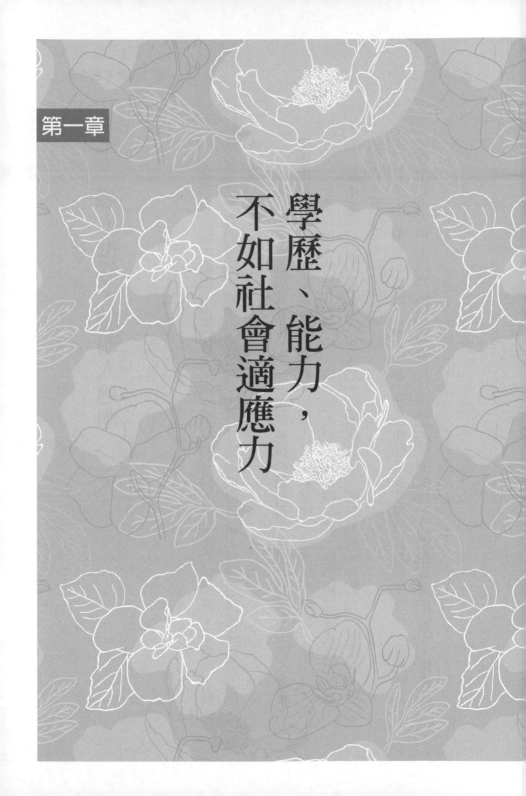

1 愚人抱怨，聰明人適應

我們處在競爭激烈、優勝劣汰、適者生存的時代。在這樣的時代裡，等待別人幫助或祈求神靈的恩賜，顯然不合時宜。想在社會上取得成功，只有主動適應社會、抓住時機，才能有屬於自己的位置。

最重要的，**還是改變自己，把自己變成能夠適應時代、適應社會競爭的人，這是每個渴望成功的人都必須接受的挑戰**。沒有人天生就具備一切成功的條件，這些條件反而大多來自後天的學習和改變。成功的人能時時檢視自己，他們總在修正自己的弱點、謀求改善自己的方法。久而久之，他們就成了一個有主見、有毅力、有恆心、堅強的人，而成功也就離他們不遠了。

許多人在剛離開校園、進入社會之時，往往還沒清楚的認識現實世界，還活在自己想像的世界中，以爲生活會循著自己設想的軌道前行。然而**在現實生活中，妳往往**

會發現，當夢想越完美，現實就越殘忍；當初的理想越高，如今就摔得越慘。

現實中的妳是另一番景象：畢業一段時間、在社會上打滾了幾年後，不僅沒有找到一份自己喜歡的工作，微薄的薪水甚至難以養活自己；憑著自己的能力和學歷，滿腔熱情應徵喜歡的工作，卻四處碰壁；學歷高、條件好的妳，居然在某個微不足道的小公司裡做著打雜工作。妳當初訂下的計畫，如今看來全部都不可行。

即使已踏上成功的大路上，看似萬事俱備，只欠東風，「東風」卻怎麼也不來。本來想到東邊闖蕩，生活卻迫使妳不得不向西行。生活在突然間變得陌生了。妳就像是被上帝遺棄的孩子，一個人孤獨的工作、無聊的生活著。時間不斷流逝，事情總不如意，妳開始感到無奈和迷茫，甚至失去了生活的勇氣。

每一次進步，其實都是適應

當人和社會發生衝突時，許多人都會有這樣的想法：這個社會太黑暗，全是勾心鬥角的人事物，但我和他們不一樣！我心地單純、有自己的見解，只是我不懂得拍馬屁，所以被淘汰了。

也有人這麼想：適應社會總像是違背自己的內心，感覺自己很虛偽；但如果不去適應社會，又顯得和周圍的人格格不入，害怕自己以後更難行走於社會。

其實，**每個人從出生起，就已經在開始學習「適應」這件事了，成長中的每一次進步，幾乎都是藉由「適應」而獲得**。從古至今，「適者生存」一直都是亙古不變的道理，無法適應環境者，必然會被社會淘汰。許多剛進入社會的年輕人不明白這個道理，導致他們在待人處世上，出現時時受阻、處處碰壁的情況。

李娜大學時讀的是美術設計，因為成績突出，而受到許多老師青睞。她大學畢業後，一直希望能進入廣告公司工作。

雖然有不少公司打電話來詢問，但都被李娜一一拒絕了。一個月後，她接受一間廣告公司的聘僱。上班第一天，經理找她談話時，她便向經理要求分配到與她大學專業有關的部門，而且特別提醒經理要「注意到我的專長」。她反覆強調，只有讓她到廣告設計部門工作，才能真正發揮自己的專長。

可是，經理並沒有因李娜的強調和解釋而改變想法，仍然把她安排到文案策劃部門。為此，李娜覺得很不開心，自己曾經如此要求，竟然被拒絕，覺得公司這麼做根本是大材小用。因此，她帶著這種不良情緒，進了文案部門。

由於心理抗拒，李娜工作並不積極，讓部門經理留下不好的印象。試用期還沒結束，她就選擇離職了。

有句話說得好：「如果妳不能改變環境，就要學著改變自己。」想順利適應快速變遷的社會，只能從自身做起。唯有隨時調整、改變自己，才能與社會的腳步一致。

事情無法改變，我們可以改變自己；別人不喜歡自己，是因爲自己還不夠討人喜歡；無法說服別人，是因爲自己還不具備足夠的說服能力。想讓事情改變，首先得改變自己。只有改變自己，最終才能改變別人；只有改變自己，最終才能改變屬於自己的世界。

愚笨的人抱怨世界，聰明的人適應世界。與社會環境保持和諧，事業發展才能如魚得水，反之則步履維艱。社會就像一部機器，未來與現實則是一對咬合的齒輪，自始至終緊密聯繫在一起。我們必須與時俱進，不斷學習、適應，猶如不斷在齒輪上點油，使這兩個齒輪減少摩擦、協調運轉。如今，**適應更是「超越」的前提。因為沒有**

模仿，就無法創新；沒有適應，就更談不上超越。當妳足夠了解周圍的環境，才能以不變應萬變。

因此，**聰明的女人一定要學著適應變化極快的社會**。當妳學會承受一切不可逆轉的事實，主動接受那些必然的事，在未來的任何時刻，面對變幻莫測的社會時，妳才能做到處變不驚。

2 抱怨能解氣，不能解問題

工作不順心，抱怨；加薪沒妳的份，也抱怨；生活太艱辛，還是抱怨……生活中，抱怨的理由似乎隨處可見。更甚者，有許多年輕人經常抱怨，自己的父母爲什麼不是有錢人或政府官員、爲什麼出生在偏遠的鄉下、爲什麼家裡沒背景。在他們看來，就是因爲家庭背景，才導致自己找工作時遭遇到不平等的待遇。

難道幾句抱怨，就能改變這些已成定局的現狀嗎？這些怨氣，最終還是回到自己身上。其實，無論妳現在生活得怎樣，只要勇於面對，不抱怨過去、不抱怨命運，最終一定能取得成功。

誰都無法選擇自己的出身，這點儘管我們無力回天，但還是有些東西掌握在自己手裡：信念、忍耐和努力。

不公平，是進步和發展的動力

有人認爲，如今科技越來越發達、社會越來越進步，公平的事卻變得越來越少。或許該這麼說：這個社會沒有妳想像的那麼美好，但也沒有想像的那麼差。社會的不公平，從另一角度看，有其存在的必然性。

沒有不公平的存在，就沒有社會的進步和發展，社會就此裹足不前。試想一下，人們個個都生活在一帆風順的世界裡，人人豐衣足食、腰纏萬貫，理所當然的認爲生活就是這樣簡單與公平，社會還談何發展？人們談何進步？正因爲社會有缺陷，才迫使那些受到不公正待遇的人們，爲追求公正奮鬥終生、死而後已。這樣一來，**不公平反而為社會發展提供了動力，提供讓人類邁向更高級社會的條件**。

中國歷代的農民起義都主張「均貧富，等貴賤」，孔子說「不患貧，而患不均」，孫中山則追求「天下爲公，世界大同」。然而，這是一種崇高的理想。作爲一種信念，它無疑是合理的，將來也許能成眞。但在當前的現實生活中，由於各種條件限制，這種信念還無法達成。公平、平等不能強求。

沒有哪種生活是完美的，也沒有哪種生活會讓一個人完全滿意，抱怨只會破壞我們腦中所有積極向上的態度。很多時候，我們因爲抱怨而產生懈怠意識。日子久了，不但會影響心情、耽誤工作進度，還會養成慣性，進而導致惡性循環。

如果抱怨成了習慣，就像搬石頭砸自己的腳，於人無益，於己不利，生活成了牢籠。不再抱怨之後，妳就能明白自由生活就是最大的幸福，哪裡還有那麼多抱怨？

生活很累？因為只看到付出，不看收穫

孟雲和王陽在同間公司上班，兩人都是剛從大學畢業不久。公司每天提供一頓免費的午餐，但吃什麼都是由公司安排。

今天，兩個人又一起吃午飯，孟雲剛掀開餐盒的蓋子，就開口：「竟然是紅燒豆腐蓋飯，我最討厭了。」王陽聽了之後，什麼話也沒說。過沒多久，孟雲邊吃邊抱怨道：「這間公司真小氣，雖然有免費午餐，但提供這麼差的東西，還不如我們自己外食。而且一週才提供幾次葷食，其他天只能吃素，真煩。」王陽默默的說：「你就只會抱怨。想吃好一點的午餐，就該努力往上爬

到經理那個位置。你以為光在這裡抱怨就有用嗎？還不是天天吃同樣的飯。」

妳是否已厭倦生活中的「紅燒豆腐」呢？如果是，那麼在背地裡唉聲嘆氣、指責抱怨，有什麼用呢？即便能解一時之氣，沒有實質意義上的改變也是白搭。

為什麼抱怨的人總是說生活很累？是因為他只看到了自己的付出，而沒有看到自己的獲得。不抱怨的人即使真的很累，也從不埋怨生活，因爲他知道抱怨對自己沒有任何幫助。微軟公司創辦人比爾·蓋茲（Bill Gates）也曾說過：「與其抱怨命運，不如改變。」

縱觀古今中外，許多人生奇蹟都是那些最初拿了一手壞牌的人所創造。因此，我們不要總是煩惱生活，不要總以爲生活辜負了妳什麼，其實，妳跟別人擁有的一樣多。放下猶豫，立即行動，成功一定屬於妳。

社會並非永遠公平，抱怨和洩氣只是阻礙成功向自己走來。放下抱怨，心平氣和的接受失敗，才是智者的姿態。抱怨無法改變現狀，拚搏才能帶來希望。只要妳不埋沒自己，一心想著發光，總會迎來發光的那一天。

生活是不公平的，妳要去適應它。承認並接受這個事實，才能以和緩的心態，找到屬於自己的人生定位。

如果妳背對整個世界，整個世界也會背對著妳。**命運不可改變，可以改變的只有我們對命運的態度**。嘗試換一種心情看待頭頂的惡劣天氣吧！調整心態，積極面對。若妳能以恰當的態度對待命運，風雨也會變成一種美景，這樣一來，心情也會猶如雨後的彩虹通透且絢麗，命運也就不是那麼可怕的東西了。

3 職場打滾，只有適者能生存

剛走出大學校園的年輕人，在體會到社會的變幻莫測、冷漠無情後，大多會感嘆世態炎涼。這時，開始深刻領悟：原來社會並不是我們所想像的那麼簡單。

社會是個極其複雜的大舞臺，在這舞臺上，每個人的命運都與時代發展、國家興衰、社會變化息息相關。不管是國家形勢的大變，還是工作環境的小變，都可能引起我們個人前途命運的變化，也許是帶來事業發展的機遇，也或許是限制、阻礙我們前進的路。

人必須適應所在的環境，是因為適者才能生存。英國生物學家查爾斯．達爾文（Charles Darwin）在一八三〇年代周遊世界，曾發生一件令他很有感觸的事：

達爾文抵達非洲一個原始部落，當地人沒有衣服穿，住在山洞裡。他們把老年的婦女趕進深山，讓她們自然餓死；在沒有食物的情況下，會分食嬰兒和小孩。達爾文下定決心要改變這個局面，因此他高價買下一個當地小男孩，帶回英國。十六年後，這個非洲孩子被培養成了「文明青年」。達爾文藉熟人的幫助，把他送回家鄉。

一年後，達爾文舊地重遊，想看看自己精心培養的青年，是不是改變了那個原始部落。結果，部落首領說那個青年早就被吃了，因為「他什麼都不懂、什麼都不會做，我們留他有什麼用？」

達爾文在日記中寫道：「一個人的願望，和他所希望得到的結果並不成正比。一個種族遺留下來的疑難問題，絕非依靠一個或幾個『文明人』就能解決。從野蠻進化到文明，這其中有段痛苦而漫長的過程，欲速則不達。社會上每個人都應當適應自己周邊的生活環境，否則不論他再高明，也終將被淘汰。適者生存！」

許多時候，困境是由於我們不能接受周圍環境而形成。因此，面對這種情況，我們要做的是改變自己、讓自己融入環境。人若想要生存，就得隨著時代一起發展、進步。因爲新科學、新技術、新知識、新思路、新機器會不斷產生，而舊知識、舊技術、舊機器不斷被淘汰，如果妳還在原來的狀態上，妳也只能被淘汰。

唯一能改變的只有自己

與人類相比，狐狸或許談不上有什麼大智慧，但狐狸的智慧眾人皆知，最重要的是牠懂得怎樣融入、適應所在的環境。

狐狸適應性極強，隨遇而安，樹林叢莽、丘陵河地，幾乎任何地方都可棲身。牠白天蜷伏於洞中，夜間才出來四處覓食。狐狸可以覓食各種食物，從不挑肥揀瘦，捕到體型較大的兔子、山雞牠高興萬分，捉到老鼠、小鳥也可以，再不然吃小魚、青蛙也毫不介意。如果眞的捉不到動物，還可以吃蠕蟲、昆蟲、野果來塡飽肚子。

與其他犬類動物（例如狼、狗等）相比，狐狸嬌小的體型自然不能與其他犬類競爭力量、速度和耐力。但是，在自然的優勝劣汰中，狐狸卻靠著自己適應、融入環境的能力，以及機敏、靈活、聰慧的特質，而使自己立於不敗之地。對狐狸來說生存很艱難，因此牠別無選擇，必須適應環境。

相對於狼和狗來說，狐狸不是強者，但牠接受了整個環境。因爲聰明的狐狸明白，**即使不願接受命運不公平的安排，也不能改變事實，唯一能改變的只有自己**。如果妳想在社會中闖出一片天，就必須學會適應環境。唯有努力融入妳所在的環境，才能找到眞正屬於自己的路，走出成功的軌跡。如果妳退縮，甚至抱有僥倖心理，就只能待在社會底層，繼續受煎熬。

許多人都感嘆這個社會虛假、抱怨現實冷酷無情。可是我們必須明白，一旦踏入社會，就必須努力學習「社會」這本書，**這本書才是現實，告訴我們生存之道**。

4 單純惹人愛，太單純讓人困擾

世界上最難的事，不是認識別人，而是認識自己。

幾乎每個女人，潛意識裡都會希望自己永遠率直單純，做事不必瞻前顧後、不必察言觀色，想怎樣就怎樣！但是，這種幻想只能停留在我們最純眞的小時候。當我們已經長大成人、步入社會了，還可以這樣想嗎？

過於單純可能是決定人一生成敗的關鍵因素之一，但很多女人並不看重它。例如，若妳隨便亂發洩情緒，只會給人一種不成熟、還沒長大的印象——只有小孩子才會說哭就哭、說生氣就生氣。這種特質，在小孩身上或許是天眞爛漫，但若是發生在成年人身上，人們就不免會懷疑妳的人格發展了。

現實生活中，許多女人並沒有把控制情緒當成一件重要的事，總覺得情緒化是一種率直、單純的表現。也許妳會想，人生苦短，何必那麼認眞？更何況，單純的女人總是惹人憐愛。但是，**一個把所有情緒都寫在臉上的人，很容易就被人一眼看穿。**

單純的女人，她帶給人們的是輕鬆和愉快；但「過於」單純的女人，她帶給人們的是沉重和困擾。單純的女人，她可能不清楚自己的長處；而「過於」單純的女人，卻不知道自己的短處。所以，妳當然可以單純，但不可太過單純。沒有自知之明的人，會被社會自然淘汰。

太過單純的性格記得收起來

梅梅是行政部門新進職員，初來乍到，一身稚氣，她不知道公司兩位高層——張副總和李副總——面和心不和，張副總同意的事，李副總一定有意見，反之亦然。這間公司不大，行政部門有時候也兼做祕書的工作。

某次，要做年終報表分析給老闆時，李副總要梅梅先按他設計的表格製作報告。兩天後，張副總問梅梅有沒有什麼格式可以參考，她便把要交給李副總的那份報告給了他參考。此舉讓李副總非常不開心，雖然他嘴上沒說什麼，卻冷冷的把梅梅找來，要她按自己的思路重新設計表格、做報表，還開玩笑般加上一句：「這可是有智慧財產權的，要保密唷。」讓梅梅一頭霧水。

後來，經過資深高人點化，梅梅才知道這兩位副總相爭已非一日，大至爭權、爭利、爭人緣，小到爭公司車的品牌，都要顯出個人的身價。所以身為他們的部屬，兩邊都不能得罪，張副總的話沒錯，李副總的意見也沒錯。梅梅暗自感嘆，公司的運作與生存藝術實在困難。

某次，李副總的表妹蘇晴培訓客戶時，不小心砸壞一個價值人民幣九千元（約新臺幣四萬元）的機器。當著張副總的面，李副總皺著眉頭、嚴厲的對梅梅說：「按公司規定罰款，絕不能敷衍了事！」

梅梅這次學乖了，先查詢了能夠遵循的公司制度，再上呈解決方案：扣發一個月獎金。其實獎金一個月不到人民幣一千元，當然是比不上人民幣九千元的機器。但是，這套懲罰方案的規則是：非故意損壞酌情懲罰，情節嚴重則照價賠償。蘇晴把機器弄壞時，大家都看見她驚慌失措、哭得不能自已，因此梅梅建議酌情懲罰。

事後，李副總來追問梅梅，還打官腔的問懲罰力道是不是太輕。梅梅講了上述理由後，李副總沒說話，揮揮手就讓梅梅離開了。而在接下來的日子，他和梅梅說話時總是和顏悅色。

太過單純、隨性的性格，在妳進入社會之後，最好就不要再顯露。進入社會就象徵妳走向成熟，生活中沒有多少能胡亂下決定的空間，否則，妳將為此付出沉重的代價。請記得，要學會控制自己，為人處世多一份圓融，才能讓成功離妳越來越近。

究竟該怎麼做，才能讓自己在社會上立穩腳跟，既保留自己的部分單純，又不會因為過於單純而被社會淘汰？

一、經常反思、檢視自己

妳應該要經常反思自己的所作所為、所思所想，明白自身的長短優劣，並不斷修正。一個既不好高騖遠、目空一切，又不自卑、自餒、喪失自我的女人，才能掌握自己、掌握人生。

二、有自知之明

人貴自知，妳必須不妄自尊大，但也不妄自菲薄。聰明的女人既要知道自己的短處，更要清楚自己的長處，要有全面、客觀的自知之明。

三、透過別人認識自己

聰明的女人會深入了解自己周圍的人事物，以避免自己出錯。此外，經常聽聽別人的評價，以求更認識自己。

5 見什麼人，說什麼話

在語言和交談方面，女性比男性更有先天優勢。然而，能體現一個人說話能力的，不僅是聲音的甜美，也不能全部依賴說話天賦，還要在生活的每個片段中不斷搜尋、提煉說話的內容。

此外，說話要看對象。對家人、親朋好友，妳很熟悉，說話時自然會留意他們身上不同的特點。但對於初次相識的人，要做到這一點就不那麼容易了。性別、年齡很容易從外觀看出來，至於身分、職業、文化修養等，則必須藉由交談才能了解。因此，與陌生人見面，不要急著先開口說，而是先傾聽對方。

俗話說：「話有三說，巧說爲妙。」當某個人說出的話是此時、此地、此情景之下最符合其身分、性格，與他這個人最爲融合，這就是「巧說」。

日常生活中，**說話圓融通達主要體現在說話看對象、看場合、有分寸，最關鍵的**

是要得體。

阿敏是位優秀的餐廳服務員，她在接待客人時，總會仔細觀察對方，以不同語氣、詞彙向對方說話。

如果是文質彬彬的男性走進店裡，阿敏會這樣說：「先生，請您這邊坐。跟您推薦本店的拌雞絲或糖醋肉，要不要來一份呢？」

若是工人進來店裡，她會這樣講：「師傅，工作辛苦啦！想來份過油肉搭丸子湯嗎？」（按：中國山西名菜，肉片先炸至半熟後，再與黑木耳、蘑菇等料炒製而成）

而當老太太慢慢走進店裡時，阿敏則這樣歡迎她：「您能這樣行動自如，身體真好！有空就多來我們店裡吃飯，今天您想吃什麼呢？」

在開口之前，必須先了解對方，並針對不同對象，採取不同的會談技巧，才能把話說到別人心坎裡。否則，可能不僅會惹對方不高興，甚至造成不必要的矛盾。

說話不看對象，傷人也傷己

衣著時髦的年輕上班族女性，站在專櫃前，正為了購買一件衣服而遲疑不決時，年輕的專櫃服務員急忙走上前說：「這件衣服品味高雅，今天早上就賣出了好幾件。」那位小姐聽了之後，卻立即走了。

後來，一位中年婦女走進專櫃，打算買件新潮的馬甲。服務員受了剛才的「教訓」，便說：「這件馬甲很氣派，一般人很難駕馭它，從進貨到現在還沒有賣出一件，只有妳最適合了。」而這位中年婦女聽了，便氣呼呼的走了。

上述這位專櫃服務員說話不看對象，結果惹得顧客一肚子不高興，自然不會買她的衣服。年輕女性追求與眾不同，如果衣服穿出門卻到處撞衫，對她來說有失品味；而中年婦女最怕的，就是別人穿不了的衣服自己才能穿，那說明自己已經老了、趕不上潮流。可見，說話不看對象，往往會讓事情進展不如妳意。

此外，說話還要看對方的心態。不同的人、不同的情況下，心態會有所差異，且有時候未必會明顯的展露，作為表達者應當洞察對方心理，以利有效交流。

有些女人被認爲少根筋，是因爲她們說話不看對象。例如：在長輩壽宴上，對著壽星大談人壽保險的好處；對著孕婦說生孩子沒好處，孩子長大了反而衝撞、頂嘴，讓自己生氣；對新郎、新娘說今天喜宴的菜眞好吃，下次別忘了請我，我一定捧場；對著要出遊的人大談今年有多少飛機失事、電車出軌、汽車追撞的意外事件；在即將退休的長官面前，抱怨有些老人早該退休了卻賴著不走，阻礙青年人升遷。這樣的女人，經常在不知不覺中傷了人，自己卻講得很開心。

因此，會說話的女人在開口之前，一定會根據對方的身分地位、性格愛好和心理，選擇不同的說話方式，並掌握好分寸。正因如此，她們才會成爲受歡迎的女人。

社會上有各種各樣、形形色色的人，他們的心理特點、脾氣稟性、語言習慣也各不相同，這也決定了他們對語言資訊的要求是不同的。所以，我們不能都用同一種說話方式交流。

一般來說，辦事嚴謹、誠實、老練的人，喜歡聽流利而穩重的話，這時妳說話的態度要尊敬，不能高談闊論，也不可巧言如簧，而是以忠實、誠懇的態度面對他。說話內容不需太複雜，但言必中的，給人老實敦厚的印象最爲重要。

若對方性情豪放、粗獷，他可能比較喜歡聽耿直、爽快的話，這時妳就應忠誠、坦白，知無不言、言無不盡，對美醜、善惡的愛憎強烈分明。

若對方是學識淵博的高雅之士，他可能崇尚旁徵博引的言辯，因此妳不妨從理論談起，適時引經據典，使談話富有哲理色彩，言辭中應表現出含蓄和文雅，讓妳顯得謙虛又好學上進。

總之，聰明的女人想要處處受人歡迎，就要學會根據說話對象的不同，決定自己的說話方式與方向，做到「**見什麼人，說什麼話**」。

6 好菜連吃三天也會惹人厭

唐代文人劉禹錫的〈陋室銘〉中，有這樣一句話：「山不在高，有仙則名；水不在深，有龍則靈。」人與人之間說話亦是如此，**話不在多，簡要即可；辭藻不用華麗，只需要一語中的**。一般而言，聆聽者會厭惡聽到空話、大話，而喜歡簡明扼要、講重點。

妳一定也有這樣的經驗：當長官口頭報告，剛開始妳還覺得很有趣，但當長官一再反覆強調同樣的幾個問題時，妳的注意力就開始分散了。接著，如果他還繼續「鬼打牆」，妳就會產生反感，對他的印象開始變差，最後可能就討厭起這位長官了。

或者妳在家庭中也經歷過：當妳犯了錯，父母批評、責罵妳。剛開始妳可能認爲自己眞的不該犯錯，內心感到愧疚；可是，當父母持續沒完沒了的數落妳，妳就開始厭煩了，甚至故意跟父母對著幹，他們說往東，妳就越要往西。

這就是所謂的**超限效應**（transfinite effect），**也就是當外在刺激過多、過強或作用時間過久，從而引起心理極不耐煩或逆反的心理現象**。許多年輕人都會嫌父母、長輩或上級囉唆，對這種效應的體會應該更爲深刻。對此，心理學家的解釋是，人在接受任務、資訊、刺激時，存在一個主觀的容量，一旦超過這個容量，就不願意認眞對待這些任務了。

有句話說：「**好菜連吃三天惹人厭，好戲連演三天惹人煩。**」當一個人說話總是喋喋不休、沒完沒了時，即使講的內容很好，也容易讓人不耐煩。

語言魅力，在於說了什麼

方強是個說話常常沒重點的人，一旦說起話來總是滔滔不絕。他說話怕別人聽不懂，都要重複解釋好幾遍，東一句，西一句，卻找不到重點。講得自己筋疲力盡，別人也聽得暈頭轉向。

同事們開玩笑的說：「開會時聽方強做彙報，我睡了一個小時，醒來照樣能聽懂，因為他還在講我睡覺之前的話題呢！」

鑑於他這個說話「特點」，無論是在部門會議或公司大會，要請大家發表意見時，經理都安排他最後一個發言。因為怕耽誤大家的時間，好幾次方強都還沒說到一半，經理就不耐煩的打斷他：「好了，你直接說重點吧！」或是不讓他繼續說。

而公司裡另一位職員王鳳，說話方式與他正好相反。王鳳說話乾淨俐落、條理清楚，而且肢體語言豐富。平時她不太說話，但只要開口就能馬上切中要害。會議上，每次大家發言完畢，都會徵詢她：「王鳳，由妳來總結大家的意見。」、「王鳳，妳覺得這樣的說法正確嗎？」

上述的例子中，方強喜歡說話，但大家不願意聽他說；而王鳳沒說話時，大家卻期待聽她說。由此可見，**一個人的語言魅力不在於他說了多少，而在於他說了什麼**。

有些人喜歡講話，其實是想顯示自己的才能。他們往往把長篇大論當成是有水準的表現，其實並不然，話講得到位、講到重點，才是真的有口才。

語言就是人行動的影子。言語傷人，往往勝於刀槍，刀傷易癒，舌傷難痊。一個喋喋不休的女人，就像一艘漏水的船，船上所有乘客都會逃離。

開口說話時，應當掌握說話的藝術，話多不如話巧，關鍵在於能一語中的。

一九九一年十一月，中國電影「金雞獎」與「百花獎」同時在北京揭曉。演員李雪健因為主演《焦裕祿》中的焦裕祿（按：中國共產黨幹部，擔任中共蘭考縣委第二書記時常救助當地人民，今中國有焦裕祿紀念館、焦裕祿紀念園等紀念設施），最終獲得這兩項大獎的最佳男主角獎。

李雪健在臺上致謝詞時這麼說：「苦和累都讓好人焦裕祿受了，名和利都讓一個傻小子李雪健得了……。」話音才剛落，全場一片掌聲。

李雪健巧妙運用對比的兩句話，既讚美了焦裕祿的奉獻精神，又表達了自己受之有愧的心情，打動了觀眾的心，給人留下難忘的好印象。

中國經濟學家馬寅初擔任北京大學校長期間，有次參加中文系教授郭良夫的結婚典禮。出席的人們發現校長親臨現場，情緒頓時高漲起來，鼓掌歡迎校長即席致辭。

馬寅初本來沒有想到自己會被請上臺講話，但大家如此熱情相邀，又不能讓大家掃興。該講什麼好呢？誇獎新郎幾句顯得客套，講學問更不切時宜。最後，他來了個一句話的演講：「我想請新娘放心，因為根據新郎大名，他一定是位好丈夫！」人們聽了馬寅初的發言，起先一頭霧水，聯想到新郎的名字才恍然大悟：良夫，不就是善良、美好的丈夫嗎？

由此可見，**語言作用的大小不在於「數量」，而在於「品質」**。生活中，不論是與人交流或上臺演講，都要掌握好「火候」，否則過猶不及。例如在演講時，有些人總會長篇大論、滔滔不絕，只是自我感覺良好，卻浪費聽眾寶貴時間，讓人厭煩；而有些人懂得把自己的想法濃縮成一、兩句話，猶如一粒沉甸甸的石子，在聽眾平靜的心湖裡激起層層波浪，如此反而讓人敬佩。

任何溝通都必須避免無意義的重複，否則容易適得其反，特別是期望能改變別人態度的說服和引導時，更應如此。

7 做個讓人有懸念的人

許多人都有這種毛病：在沒必要的場合中，把自己擁有的所有話題一次全談完，等到需要他再開口時卻已經無話可說。這種現象，不論是在普通的會話，或正式的演說場合中，都需要引以爲戒。

英國思想家法蘭西斯．培根（Francis Bacon）說：「**交談時的含蓄與得體，比口若懸河更可貴**。」做人固然要正直、直率，但並不意味著說話也可以直言不諱。太過於唐突的直言，有時就是一種消極、否定的語言暗示，不僅容易使人反感，還可能會增加對方的心理壓力。

例如醫生看病時，遇到病情較嚴重而又沒有及時治療的病人，直言：「你怎麼這麼瘦！臉色也很難看！」、「你知道你的病已經到了什麼地步嗎？」、「生這種病怎麼不早點來看呢？」對於這些說法裡所包含的消極暗示，病人會怎麼想呢？醫生這樣的行爲究竟是治病，還是「致」病？

相反的，若醫生說：「幸好你及時來看病，只要你按時吃藥、多休息、不要胡思亂想，很快就會好起來的。」這將給病人很大的鼓舞。懂得駕馭語言的人，就會運用各種委婉的表達方式。

說話太直白不行，盡說好話奉承也不行。**話說一半、點到為止，才恰到好處。**

做個「有懸念」的人

法國軍事家、政治家夏勒·戴高樂（Charles de Gaulle）曾說過：「眞正的領袖要幽居、偉大和超脫，要神祕，有時就需要沉默寡言。」

而在戴高樂之前幾百年，明代思想家呂坤在其著作《呻吟語》中，總結聖人的處世經驗則說：「獨處看不破，忽處看不破，勞倦時看不破，急遽倉猝時看不破，驚擾驟感時看不破，重大獨當時看不破，吾必以爲聖人。」這句話的意思是：當一個人獨處時，別人看不出他有什麼問題，在他疏忽時、疲倦時、匆忙時、受驚擾時，甚至獨當大事時都看不出有什麼問題，我認爲這種人一定是聖人。

這裡所提到的聖人，其實不過是個「有懸念」的人。我們或許成不了聖人，但可以做「部分的聖人」——一個有懸念的人。爲此，我們必須學會在某些時機不開口。

例如在與人往來時，不應該問對方「你做什麼工作」，而要留給別人一點空間，如此才能顯示出妳的風範。人際關係中的是是非非，大多源於說話。每個人都有弱點和缺點，但當這些弱點和缺點從他人嘴裡說出來，就成了短處和隱私。這是人際往來中的大忌。**聰明的人說話懂得點到為止，留給他人想像空間**。

人與人的關係非常複雜，局外人一般很難知道眞相，即使知道一些皮毛，也不一定可靠，況且還有許多隱衷非外人所知。因此，對於任何問題，都不應憑自己主觀胡亂猜測，更不能因片面看法就在背後批評別人，這樣反而會給自己惹麻煩。

小心說話，也是為了保護自己

古人云：「守口如瓶，防意如城。」就是告訴我們說話要謹慎。**人不可能做到完**

全緘口不言，所以更須小心謹慎，這也是一種保護自己的安全措施。

日常生活中，總有些人唯恐天下不亂，每天興風作浪，把人際間是是非非編排得有聲有色，卻不清楚他種下了多少怨恨的種子。

倘若遇到這種說他人短處的人，我們唯一要做的，是聽了就忘，不做傳聲筒，也不信片面之詞，更不必記在心上。若在聽到片面之言後貿然宣揚，十之八九會被認爲是顚倒是非、混淆黑白。而說出的話就像潑出去的水，後悔也收不回。

每個人都有自己的祕密，倘若妳一時衝動找人傾訴，反而可能把祕密洩露出去，進而自取其辱。社會很複雜，當我們拋出一片眞心，不見得就能換到別人的眞心，說不定恰巧入了對方的陷阱。

因此，**說三分話並不是狡猾和不誠實，而是一種修養**。說話時必須先看對方是什麼樣的人，若對方不是妳認爲能夠盡言的人，就只能說三分話。

有智慧的人，在任何時候都會爲自己留一條後路。因爲他們知道，假如輕率做決定，最後卻沒有實現，反而會惹來恥笑。任何事情，只顯現它的三分，而留七分在後，如此一來，無論事情發展到什麼地步，都有足夠空間持續進展或改變。

妻子買了一塊布料後，徵詢丈夫的意見。丈夫內心覺得妻子用這塊布料做成衣服，穿起來不太合適。

如果丈夫不尊重、體貼妻子的心情，可能會直接批評：「妳的審美觀真有問題！都一把年紀了，還穿這麼鮮豔的衣服，豈不是老妖婆嗎？」這樣生硬、貶損對方的話，必定會傷害妻子的自尊心。

但如果丈夫尊重、體貼妻子，就會把否定的意見說得委婉，並給妻子暗示：「不錯，這布料顏色真鮮豔，給女兒做衣服會很漂亮。」

掌握說話的時機，注意說話的分寸，更有助於達到目的。否則，不論妳說話的內容再精彩，若沒有把握時機，就可能達不到預期效果，甚至引起反作用。此外，還要根據對方的性格、心理、身分，以及當時氛圍等一切條件，衡量說話內容。

8 職場裡的多一盎司定律！

許多社會人士都認爲，只要準時上下班、不遲到、不早退就是完成工作，可以心安理得的領薪資。

事實上，每天早出晚歸的人不一定最認眞工作，每天忙得團團轉的人不一定能圓滿完成工作，每天按時打卡、準時出現在辦公室的人也不一定最盡職盡責。若沒有正確的工作態度，這些日復一日的行程可能是一種負擔，於是「當一天和尚撞一天鐘」，總是敷衍了事。

在現代職場，這種聽命行事的作風已無法得到認可，懂得積極、主動工作的員工才受青睞。對企業和老闆而言，他們需要的絕不是遵守紀律、循規蹈矩，卻缺乏熱情和責任感，不能積極主動、自動自發工作的員工；而是需要會主動了解、規畫自己要做什麼，並全力以赴完成的人。

如果妳想擁有達到或超過妳老闆成就的機會，方法只有一個：培養自動自發、全力以赴的工作習慣。

有兩種人難以成大器：一種是絕不主動做事，別人要求他才做；另一種則是即使別人要他做事，也做不好。但是，那些成功的人，多半都不需要他人催促就會行動，他們懂得要求自己多付出，且往往做得比老闆期待的更多。

著名投資專家約翰．坦伯頓（Sir John Templeton）藉由大量的觀察研究，得出一條職場真理——**「多一盎司定律」**（按：一盎司約為二十八公克）。他認爲，**取得突出成就的人與取得中等成就的人，幾乎做了同等的工作，他們的努力差別很小，可以用「多一盎司」形容。但正是這微不足道的一點區別，讓兩者的工作成果大不相同。**

職場上，只有那些今天比昨天更努力、每天都多做一點的員工，才能抓住寶貴時間、創造成功事業。當一個人已經完成絕大部分的工作，付出了九九％的努力，再「多加一盎司」其實並不難，但我們往往缺少的就是「多一盎司」所需要的那一點責任心和自動自發的精神。

工作態度決定一個人的職業高度，工作品質也往往決定生活的品質。一個人即使沒有一流能力，但擁有敬業精神，同樣會獲得人們的尊重。相反的，即使妳的能力無人能比，卻沒有基本的職業道德，一定會遭到社會唾棄。

絕不要滿足於普通的工作表現，在一絲不苟、忠於職守的基礎上，妳可以更努力一些，要求自己在做完分內工作後，再多做一些事情，比別人期待的做得更多。如此一來，妳不僅能將工作做得更好，還爲自己創造出更多機會。

即使洗廁所，也要最出色！

許多年前，有個少女到高級飯店當服務員。這是她的第一份工作，也就是說，她將在這裡正式步入社會，邁出她人生第一步。因此，她很激動，下定決心要好好工作！但她沒想到，老闆安排給她的第一個任務，竟然是打掃廁所！

這時，她面臨人生第一步該怎麼走下去的抉擇：繼續做下去，還是另謀他職？她不甘心就這樣敗下陣來，因為她曾下過決心：人生第一步一定要走好、走穩。

關鍵時刻，一位前輩及時出現在她面前，幫助她擺脫困惑、苦惱，指點她踩穩人生關鍵的第一步。前輩並沒有用空洞的理論說教，而是親自做了示範。

首先，他一遍遍刷洗馬桶，直到馬桶光潔如新。接著，他從馬桶裡盛了一杯水，一飲而盡、毫不猶豫！實際行動勝過千言萬語，他不用開口，就讓少女體會到打掃廁所的真理：光潔如新，要點在於「新」，沒有人會認為新馬桶是髒的，因此新馬桶中的水不會髒，所以能喝；反過來說，只有當馬桶中的水達到可以喝的潔淨程度，才算是把馬桶刷洗得「光潔如新」，而這一點已被證明可以辦得到。

同時，前輩給她一個含蓄、富有深意的微笑，以及鼓勵的目光。少女目瞪口呆，恍然大悟！她下定決心：「就算一生洗廁所，也要當一名洗廁所洗得最出色的人！」

她決定留下來繼續工作，後來她的工作品質也達到那位前輩的高水準。她喝過馬桶水，為了檢驗自己的自信心、證實自己的工作品質，也為了強化自己的敬業心態。就這樣，她踏上了人生的成功之路。

上述故事的主角，是曾任日本特命擔當大臣（按：日本內閣府為了解決某些無國務大臣負責的事務而設立的職務）的野田聖子，她的第一份工作，就是在東京帝國飯店實習，被分配洗廁所。對卓越的不懈追求，造就了這位平凡女子後來傳奇的人生。

「就算一生洗廁所，也要當那個洗廁所最出色的人！」不論做任何工作，重要的不在於做什麼，而在於怎麼做。如果妳在工作中懷抱著敬業精神，爲事業付出全身心的努力，認眞負責、一絲不苟，並且做到有始有終、善始善終。那麼，不管妳現在身處什麼職位，一定都能脫穎而出。

身爲職業女性，如果妳想登上成功之梯的最高層，就得永遠保持主動精神。主動是一種極珍貴、備受看重的素養，它能使人變得更加敏捷、積極。擁有主動工作的習慣，妳就擁有熱情、積極的精神與態度，以及行動的力量。

9 贈人玫瑰，手有餘香

一位在商界頗有建樹的商人說：「人際關係就像播種，播種越早，收穫越早；撒下的種子越多，收穫也越多。」道理很簡單：妳幫助別人，別人也會幫助妳。

每一個事業有成的人，在他通往成功的道路上，一定有許多人的幫助。做人不能心中只有自己，而應該幫助別人，與此同時妳也能從別人那裡獲得有益的幫助。

喬玲正在念大學二年級，不喜歡跟宿舍室友一起玩、出門逛街，以至於大學讀了兩年，認識她的人卻不多。然而上課時間之外，喬玲會出現在學校各個角落，例如圖書館、自習室、學生餐廳、宿舍管理室等，幫忙別人處理事情。

在圖書館，她會默默將被弄亂的書籍放回原位；做完實驗後，洗乾淨同學們使用的儀器後她才離開；她主動幫宿舍管理員分發信件、跑跑腿……別人問她為什麼，喬玲笑笑的說：「舉手之勞而已，我其實也沒吃虧啊。」

每次幫忙別人後，喬玲總感覺很滿足，幫助別人雖是小事，卻能讓自己開心：「我希望盡自己的微薄之力，為他人排解難題，這其實沒什麼。」

若是爲了得到讚美、感激或回報，才願意幫助他人，就扭曲了幫助的本意，讓關愛變質。這樣的功利心，會讓我們失去最初的快樂。

許多人都在等待別人先付出，希望別人先服務他。只想收穫，不願先付出，最終只會讓人避之唯恐不及。而一旦失去了他人的支持，成功機率自然大打折扣。

幫助別人，等於成就自己

從前，有兩個老人是師兄弟，他們都擁有釣魚的絕技。但是，師兄特別保守，總怕被別人學走釣魚絕技，和自己競爭；而師弟的想法恰恰相反，總是非常樂意教導別人這個絕技，但他有一個條件：以後，每釣一百條魚就要無償拿出四條魚回報。於是，很多人都來和師弟合作，他也毫無保留的一個個教會。

老人的徒弟們學會絕技後，也都信守承諾。慕名來學絕技的人越來越多，從此以後他再也不用自己風吹日晒的釣魚了，光是徒弟們給的魚已經不計其數，於是他開始販售鮮魚，生意越來越好，最後成了遠近聞名的富戶。

而老人的師兄，還是每天一個人釣魚，過著清貧的日子。

其實，**幫助別人也是在成就自己**。一個人能成功，並不是因爲他從別人那裡獲得很多，而是有很多人願意支持他。當妳先幫助別人得到他們想要的東西，他自然也願意幫妳獲得妳渴望的。

俗話說：「贈人玫瑰，手有餘香。」爲別人做事而不求回報，其實是心理上的一種優越感，是對方欠自己，而不是自己欠別人。而當妳需要幫助時，曾受過妳幫助的人肯定不會袖手旁觀。事實上，當妳越不計較，得到的驚喜就越多。

不要老是想著從別人的身上得到什麼，應該想的是我能夠給予別人什麼。**當我們不求回報時，生活往往自有回報**。

很多人總是抱怨自己交不到眞心的朋友，遇到困難時沒有人幫助。其實，在別人需要幫助時，這些人恐怕從沒有伸出援手。被我們幫助過的人，內心會惦記著，當妳幫助的人越多，就會累積成一股龐大的力量，回饋妳所需要的支援。

每個人都有自己的優點或長處，都可以給妳些許幫助。然而，每個人也都有弱點與短處，一定有需要妳幫忙的地方。假如妳希望每個人都幫忙妳一點，該怎麼做？答案很明顯——只要妳能幫助別人，妳自己也一定能夠心想事成！

當妳了解別人要的是什麼，並給予了他，最後妳也一定會得到想要的東西。**許多夫妻關係出問題，都是因為認為自己該從婚姻中得到些什麼，卻沒有想過為對方做點什麼，於是最終彼此都得不到**。但如果夫妻之間彼此都認爲「愛就是付出」，相信雙方也都能從付出中得到許多收穫。

有位哲人曾說：「給別人一些空間，就是給自己一個世界；給別人一些幫助，就是給自己生機和希望。但如果你先前不幫助別人，別人也不會主動幫助你。」付出才是得到，妳的人際關係會因爲幫助、付出而更好。

社會就像聯繫著人與人的一面網，在這之中，無論妳做什麼，都會影響到周圍的人。倘若妳以自我爲中心，大家就會因爲妳自私自利而疏遠；反之，會讓人感到和善、有度量，從而有吸引力，自然就能有所收穫。因此，幫助別人，便是成就自己。

第二章

太單純的女人注定失敗

1 同事相處，遵守刺蝟法則

每天和妳相處時間最長的人是誰？不是家人、朋友，而是妳公司的同事。他們和妳在辦公室面對面、肩並肩，一起工作、吃飯，甚至下班後還可能一起玩樂。然而，辦公室裡的距離該如何把握，其實並不簡單。

同事之間過於親密，不但會像刺蝟那樣刺痛對方，還容易互相掌握對方的隱私，而影響各自在公司裡的發展。沒有什麼比競爭與晉升更考驗友誼。

凌娜和佳敏雖然家境不同，兩人卻成為知己。她們是大學同學，在學校時只是一般朋友，出社會後進了同一家公司，後來又住進同一間公寓，才漸漸成為知己。

為了讓佳敏讀大學，佳敏家裡借了許多錢，她想早點還清債務，就悄悄找了一份小公司的財務兼職工作。凌娜發現佳敏即使下班後還是忙得不可開交，便開口問她，而佳敏也毫不保留的把自己兼職的事告訴凌娜。

公司每年都會選優秀員工到一間著名商學院進行培訓，條件最好的凌娜和佳敏都被列進候選人名單。凌娜對佳敏說：「要是我們都能去多好啊！」

最終結果，凌娜脫穎而出，成為公司那年唯一選派的培訓員工。佳敏很失落，她非常想獲得這次培訓的機會，於是請求老闆讓她也參加這次培訓。

老闆看著佳敏，冷笑說：「妳太忙了，就免了吧。」

佳敏急忙說：「我手頭上的工作，會儘快完成的。」

老闆沉下臉：「那間小公司怎麼辦，這樣誰幫他們管理財務？」

佳敏愣住了，老闆怎麼知道她兼職的事？她本能的辯解道：「我兼職是有原因的，這並沒有影響我在公司的工作……。」

老闆打斷佳敏：「好了，妳去忙妳的吧，我還有事。」佳敏只能垂頭喪氣的離開。

佳敏沒想到這會成為阻礙她參加培訓的理由。可是，老闆怎麼知道她在外兼職呢？那間小公司是絕對保密的，這件事她也只告訴過凌娜一個人。佳敏越想越心酸，她沒想到知己竟會出賣自己！

同事相處的準則：刺蝟法則

同事之間關係良好，本來是件好事。大家來自五湖四海，爲了一個共同的目標或理想而聚集在一起，能夠團結、互助當然很好，但切記同事之間拒絕親密。同事就是同事，不是朋友。

交朋友，除了志趣相投之外，忠誠最重要，一旦妳選擇了我、我選擇了妳，彼此信任、忠於友誼是雙方的責任。可是，同事就不同了，一般來說，如果不是自己創業，妳通常不可能選擇跟誰當同事。所以，聰明的女人要記得，不能對同事有過高期望，否則容易惹麻煩、容易被誤解。適當的距離，能讓妳跟他看起來最美。

心理學領域中的「刺蝟法則」（Hedgehog Principle），概念源於德國哲學家阿圖爾．叔本華（Arthur Schopenhauer）：在寒冷的季節，兩隻刺蝟會爲了取暖而互相接近。但牠們身上都有刺，過於接近彼此會刺痛對方，可是離得太遠又無法取暖，最後牠們會找到一段最合適的距離，既不會刺痛對方，又可以相互取暖。

這個故事非常具體的說明，**人與人之間往來應該保持適當距離，不要過於親密。**後來，「刺蝟法則」便成爲許多職場人士與同事交往的準則。

同事之間應該「君子之交淡如水」，避免太過眞情投入，當一般朋友即可，不用當知己。當同事情緒低落時，妳給予安慰；當同事生病時，妳爲他端杯熱水，並眞誠的問候；當同事有困難時，妳在能力所及的範圍內幫助。但是，別把妳的心扉完全向同事敞開，別隨意傾訴自己的隱私。如此一來，妳能與同事維持好關係，同時也不會被對方刺痛。

許多老闆（尤其是多疑的老闆）並不樂見同事之間走得太近。如果妳喜歡結交朋友、有吸引力或召集力，身邊總是圍繞幾個同事，當妳們過於親密時，很容易引起老闆的敵視。

第一，老闆會認為妳有拉幫結派的嫌疑。當員工彼此保持獨立，老闆容易管理。而若妳身邊總有幾個關係密切的同事，即使妳沒有拉幫結派的意思，老闆也認爲妳有跟他對抗的企圖。而一旦老闆有了這種看法，就可能想盡辦法削弱妳的影響力，甚至將妳打入「冷宮」。

第二，會讓老闆認為妳們有集體離開公司的嫌疑。幾個同事一起跳槽、合夥開新公司，而讓原本部門的工作陷入半停頓狀態，是老闆最不希望發生的事。就算妳們根本不曾談論過這些問題，但多疑的老闆一旦相信自己的判斷，就可能提前採取因應措施。最常見的方法是把妳調離原部門，或調到分公司，甚至想方設法讓妳離職。

同事之間，最好保持一定的距離。即使關係再好，也不要太近。聰明的女人，請認眞思考：妳要選擇維持這小小的社交圈，還是選擇更多的薪水、更好的職位、更美好的生活？

2 妳的熱情，要留點餘地

日常生活中，無論待客或與人交往，人們總認爲要展現出熱情，否則就有冷落的意味。但**如果妳表現得過分熱情，就會灼傷對方，反而不利於人際關係發展**。這是人類的普遍心理，不僅是熟悉的人，與陌生人往來也是如此。

舉個例子。當妳走入一家商店，如果服務人員態度冷淡、對妳愛理不理，妳一定不高興。但如果服務人員對妳熱情萬分，不停跟妳搭話，推薦、介紹各種商品，妳肯定也會渾身不自在。結果，妳不但不願意購買任何商品，還可能很快就拂袖而去。

過分熱情的服務人員，往往會讓人產生一種誤解：「他一定是想賺我的錢，或這些商品根本賣不出去，才會這麼熱情跟我推銷！」所以，懂得銷售技巧的人都善於掌握分寸，既不冷漠，但也不過分熱情，否則一定會遭到顧客拒絕。

姜寧是一名銷售人員，個性沉穩、深得客戶的喜歡。雖然她在公司裡年紀最小，每個月的銷售額卻比一些資深員工更高。當別人問起她的銷售祕訣時，她總會說：「魚是要慢慢收網的。」

某次，姜寧和公司另一位銷售人員一起見客戶，並邀客戶一同用餐。吃飯期間，姜寧只是淺談了生活方面的問題，完全沒有提及公司業務。她身邊的同事十分焦急，可是姜寧只笑而不語。

離開餐廳、與客戶道別後，同事開始埋怨她不懂得抓住時機。姜寧只是笑著說：「如果那樣做，客戶早就跑了。」原來，姜寧的銷售方法跟別人完全不一樣，當別人圍著客戶團團轉時，姜寧只是淡然處之，靜靜觀察形勢再收網。她明白，客戶最討厭的就是熱情過度的銷售人員，當他心情煩躁，就不可能談成任何生意。所以，姜寧總是不緩不急，慢慢收網。

果然，第二天客戶就打電話來找姜寧談合作了。

其實，做任何事情都要有限度，對人的熱情也是如此。**當妳對別人熱情、友好時，務必記得必須以不影響、不妨礙對方，不給對方增添麻煩，不令對方感到不快，**

以及不干涉對方私生活為原則。否則，很容易讓人產生懷疑和誤解。

這個道理同樣適用於人際關係。如果妳想受人歡迎，積極主動的態度必不可少，但同時也要注意不過分熱情。這樣做，更容易讓人接納妳。

控制好熱情，別燒毀人際關係

有些人常常不分場合，隨意向他人表現自己的熱情，如此一來，反而很容易讓對方內心打上大問號：「他對我這麼好，是不是有什麼企圖？」要表現得熱情而友好，除了分清時間、場合之外，還必須掌握分寸，否則容易過猶不及，而影響人際往來。

由於場合、年齡、性別、輩分，以及交往的程度深淺等方面的不同，對人的熱情也應該有程度、分寸上的區別。例如在公共場合，即使熟人、戀人相見，也不要旁若無人的高聲說笑，過度親暱的舉動則更不合適。

熱情待人，不一定能獲得別人的好感。很多時候別人之所以遠離，反而可能是因妳太過熱情，讓人產生懷疑和誤解。**雖然說，熱情是人際交往的「升溫劑」，倘若失**

去控制、讓溫度超過正常值，也會焚毀人際關係。

在社交場合中，有些人深怕受冷落，急於與人建立良好的關係，因此對人展現出十分積極、主動的態度，好像與對方已認識很久似的。這種人常被稱爲是「自來熟」，而他們這種表現，卻常常換來與自己所想完全相反的結果。付出和所得的不對等，經常使他們陷入痛苦之中。

大學時，小娟就已經明白人際關係很重要。所以，大學畢業、進入公司後，她無論碰到誰都表現得極其熱情，並積極尋找機會和人建立關係。即使只見過一面的人找她幫忙，她也從不拒絕。

剛開始，大家都覺得這個小女孩樂於助人、慷慨好義，但時間一長，卻發現她答應的事情沒一件做到。小娟其實也知道很多事情自己根本幫不上忙，但為了拉攏人心、表現熱情，還是不管三七二十一的照單全收，最終讓人反感。

久而久之，人們便送給她一個綽號「老沙皇」——諧音「老撒謊」。小娟還整天沾沾自喜，以為自己贏得了對方的感情。表面上，大家都說她「熟人很多」，殊不知每個人跟她都只是泛泛之交，根本沒有人願意真心和她往來。

心急吃不了熱豆腐，人與人之間的感情得靠慢慢培養，只能隨著時間推移而變得越來越熟悉、越來越深厚，這是一條不可違背的自然規律。

與人往來，剛見面就表現得彷彿相交多年是大忌，也不可以說話口無遮攔、太過隨意。若是相處不到一定程度，人與人之間的感情不會變得深厚，揠苗助長只會早早讓彼此的關係夭折。

與人相處時最好留點餘地。過度熱情只會讓對方心生疑問，且倍感壓力。不妨營造出輕鬆自在的環境，以平常心與對方閒談，更容易拉近彼此距離。

3 別拿他人痛點當笑料

生活不能過分嚴肅，否則便少了趣味，對外的精神表現容易流於呆板；同時，又因為呆板減少了妳的親和力，讓人難以親近。想避免這種狀況，精神必須有張有弛。

所謂「精神的弛」，就是偶爾和別人說風趣、詼諧的話。幽默是調節精神的好方法，有些上年紀的人容易忘記保持幽默感，整日不苟言笑，年輕人便不願意接近他。年輕人若整天板著臉、顯現嚴肅的神情，也許有人會稱讚妳少年老成，但這對妳並不好。應該活潑時就展現出來，而該嚴肅時則表現嚴肅，這樣才是有張有弛。

幽默其實不是容易的事。笑話總不會自己說給自己聽，一定是幾個人聚在一起，當場找出談笑的話題。而**問題就在這裡：許多人說笑，往往是把在場的某個人當作目標，將他的缺失或平時的言行拿來當笑話講。**

不論妳和對方原本交情如何，妳拿他取笑，很容易被誤會成惡意，難免讓人心理上覺得不快。即使彼此交情很深，若對方實際上氣量狹小，只能他占別人便宜，不許別人討他便宜，妳取笑他，他更容易不高興。

開玩笑，需要敏銳的警覺心

此外，玩笑本來就該有分寸。所謂的分寸，並沒有明確的標準，因此對方對於玩笑的接受程度如何、開玩笑到什麼程度會不愉快，必須時時留意。

趙經理和沙經理很要好，志趣相投，幾乎無所不說，且兩人互相開玩笑習慣了，幾乎沒有保留的餘地，甚至連對方的忌諱也拿來當成酒後茶餘的話題。

某次宴會上，趙經理幾杯黃湯下肚，為了表達他對沙經理的經歷和能力的敬佩，他舉起酒杯說：「大家一起為沙經理的成功乾杯！總結沙經理的曲折歷程，我得出一個結論：凡是成大事的人，必須具備三書！」有人高聲問：「哪三書？」趙經理提高嗓門答：「第一是大學畢業證書，第二是監獄釋放證書，第三是離婚證書！」眾人譁然，沙經理硬撐著喝下了那杯苦澀的酒。

這「三書」中的兩書無疑是沙經理的忌諱，他不想讓人知道、不想讓人議論，所以表面上假裝若無其事的樣子，內心卻充滿了悲傷。這個故事警示我們，即使是稱讚與自己的關係很好的人時，也絕對不要冒犯他的忌諱，別開殘酷的玩笑。

朋友、熟人之間適當開開玩笑，可以活躍氣氛、融洽關係、增進友誼。但開玩笑一定要適度，要因人、因時、因環境、因內容而定。

一、不是每個人都能開玩笑

俗話說：「人心不同，各如其面。」和寬容大度的人開點玩笑，或許可以調節氣氛，但開玩笑要懂得適可而止。說不定，妳一句玩笑反而觸動了別人內心的傷口。

二、時間點很重要

開玩笑，最好選擇在對方心情舒暢時。或者，當對方因小事生氣時，藉著開玩笑來改變對方的情緒。

三、開玩笑看場合

在醫院、喪禮等要求保持肅靜的場合，或是氣氛悲傷時，都不要開玩笑。

四、別拿他人隱私當笑料

開玩笑時，一定要注意內容是風趣幽默的。社交場合中，忌開庸俗玩笑。此外，別拿他人的生理缺陷（例如身障人士）開玩笑，更不要挖別人的隱私當話題。

有幽默感、能說點笑話的人，在人際往來中一定受歡迎，但說笑的話題最好不要取材於周遭的人。例如：用眼前某件事或物品說笑話，而不牽涉在場的任何一個人。最近發生的社會奇聞也可以是談笑的內容，甚至妳也可以無中生有、臨時編出笑話。

而**開玩笑的內容，則要「因人制宜」**。對有地位、有學問的人說粗俗笑話，只會顯現妳的鄙陋；對普通人說高雅的笑話，他們無法理解而不會覺得好笑。

最後謹記：適可而止。其實，**開玩笑反而需要敏銳的警覺心和許多技巧。先弄清楚其他人能否經得起妳開的玩笑。不傷害別人，是開玩笑的最大前提**。

4 談話就像宴客，不能吃很飽才離席

沉默寡言的人容易給人不合群、孤僻的感覺，但若是與喋喋不休的人比起來，後者更令人討厭。如果妳才剛進入職場，說話更要有分寸，要明白有些話可以說、有些話不能隨便說。

會說話的女人懂得適可而止，該保持沉默時就保持沉默。

隸屬總公司的行銷經理王豔，被分派到分公司指導工作。某天中午請同事一起吃飯，席間談起剛剛離職的劉副總。入職不久、心直口快的李曉聰說劉副總脾氣不好，很難相處。王豔說：「是不是因為她的工作壓力太大，而導致心情不好？」李曉聰回應：「我覺得不是。三十多歲女人還嫁不出去，既沒結婚也沒男朋友，老處女肯定都是心理變態。」

聽到這番言論，剛才還爭相發言的人全閉上了嘴巴。因為在座的老員工都知道，王豔也是三十多歲、仍待字閨中的女人！這時，一位同事趕緊轉移話題，才抹去王豔隱隱的難堪。事後得知真相的李曉聰，則為這句沒經過大腦便說出口的話後悔不已。

與同事往來時，一定得了解什麼話能說、什麼話不能說，什麼話可信、什麼話不可信。心裡先有個底，才能與同事和諧相處，避免犯下不可挽回的錯誤。

若妳還是職場新人，對公司內部的情況還不熟悉、不了解，自以爲是的發言可能會帶來不可彌補的失誤，甚至爲妳將來的職場生涯埋下隱患。

閒話就像雜訊

人多的地方，就容易有閒言碎語。有時，妳可能不小心成爲「放話」的人；但也有時，妳可能無意中成爲別人攻擊的對象。

閒話就像雜訊，不只影響妳的工作情緒，同時也影響妳的人際關係。聰明的女性，明白該說的話就勇敢說，而不該說的絕對不會亂說。

那麼，在辦公室裡和同事之間的往來過程中，說話要注意哪些事呢？

一、有話好好說，別動不動辯論

辦公室裡與人相處要友善，說話態度溫和、讓人覺得有親切感，即使彼此職位高低不同，也不能用命令口吻對別人說話。說話時，更不能用手指著對方，這樣會讓人覺得沒有禮貌，容易有受辱的感覺。

一旦人多，意見便往往難以統一，但有沒有必要凡事爭得你死我活呢？有些人口才很好，只要在與客戶的談判時好好發揮辯才就好，而不必在公司內部逞口舌之快。好辯逞強會讓同事們敬而遠之，不知不覺可能就成了不受歡迎的人。

二、不要人云亦云，要有自己的聲音

有頭腦、有主見的職員，比較容易受老闆賞識。如果妳只是別人說什麼就跟著說，妳在同儕之間就很容易被忽略，職位或地位自然也不會高。不管妳在公司擔任什麼職位，都應該發出自己的聲音，敢於說出自己的想法。

三、不做驕傲的孔雀

擁有專業技術、是辦公室裡的紅人、受老闆賞識，這些就足夠成爲妳炫耀的資本嗎？驕傲使人落後，謙虛使人進步。不論妳再有能耐，在職場還是該小心謹慎，畢竟強中更有強中手，如果將來出現更能幹的員工，妳一定馬上成爲別人的笑料。

四、公司是工作的地方，別互訴心事

妳身邊可能也有這樣的人：她們愛說話、性子直，喜歡和別人傾吐苦水。雖然這樣的交談能很快拉近人與人之間的距離，使妳們之間很快變得親密，但心理學家調查後發現，其實只有一％的人能夠嚴守祕密。所以，當妳的生活出現個人危機，例如失戀、婚變等，最好不要在辦公室裡找人傾訴。而當妳的工作出現危機，像是工作不順利、對老闆或同事有意見，更不應該在辦公室裡向人袒露。盡量避免在工作場所談論生活或工作的問題，幾個知心朋友下班後好好聊更恰當。

五、切忌喋喋不休，獨占談話時間

許多人與同事交談時，總將自己放在主要位置，一人唱獨角戲，滔滔不絕的說自己想說的事。這樣做不但無法表現自己的口才，反而令人生厭。只有一個人說話，雙方就無法交流思想，也就不能增進彼此感情。

與人交談時，應談論共同的話題，並長話短說，讓每個人都能充分發表意見。此外，還得時時留心別人的反應，這樣才能讓氣氛融洽，每個人都開心而有所收穫。有句話這樣說：**「談話就像宴客，不能吃得很飽才離席。」**

六、別逢人就訴苦

生活中，每個人都會遇到挫折和苦難，但處理方式不盡相同。有些人積極面對，有些人退縮，也有人將苦難帶來的愁苦傳染給別人，在眾人面前傾訴辛酸以博取同情。若妳在與人往來時總是訴苦，會讓別人覺得妳沒能力，因而失去對妳的尊重。

七、不要展現小聰明

如果妳在交談中總是表現出「萬事通」的姿態，很容易自打嘴巴。交談是人相互了解、交流的方式，而不是展現自己學識淵博、見識廣泛的舞臺。思想家老子曾說：「知者不言，言者不知。」什麼都說、什麼都懂的人，其實往往什麼都不知道。

5 單純過頭，就成了蠢

社會很複雜，其中有虛假、醜陋和邪惡，單純的人生活在其中，倘若不具備保持單純的高明手段，就無法戰勝邪惡，最終會被吞噬。

唐代縱橫家趙蕤（按：音ㄖㄨㄟˊ）指出：「忠臣應比奸臣還要奸，不如此，忠臣就難以伸張正義。」從這個意義上來說，在複雜的社會中，如果心思太簡單、太眞誠，就容易上當受騙，甚至會因自己的過分眞誠而狼狽不堪。

人的確要忠厚單純，不能欺騙、謀害他人，這是做人的基本準則。但是，有些人單純到不知道如何保護自己的權益，對他人毫無防範之心，經常受騙、吃虧，這種單純就會損害自己。

胸懷坦蕩、心地善良是做人的美德，而太過單純的人則是將這種坦白天性發揮過頭。這種性格所引發的思維方式和意識形態，可以歸納成以下幾個方面：

一、對人毫不設防

以他的光明磊落之心，度天下百萬生靈之腹，天眞的認爲自己毫無構陷、傷害他人之心，別人也不可能做出那些違背道德、人類善良本性之事。這樣「將心比心」後，就把自己的心思單純化，任何事情都往好的方面想，反而讓人乘虛而入。

二、慈悲為懷，憐人惜物

單純的人，眼裡全是美好，看不到半點敵人的影子，也看不見別人並非都如此善良的客觀現實。他們的愛心失去了尺度和方圓，就像氾濫的江河衝破堤防，漫無邊際的四處流淌。這種人往往缺乏自制能力，結果是心慈手軟，難以應付生活中突然的事變，尤其很難對付小人發動的突襲。即使他們已經看見小人的舉動，也往往不忍心反擊，甚至可能幻想以自己的愛心，感化鐵石心腸的小人！

三、意氣行事，太重感情

對人類而言，感情就如同血液一樣無比珍貴。正因爲感情鮮紅如熱血，是無比珍貴的生命內涵，我們更必須好好守護。如果讓感情隨意散發，反而是一種浪費、是人生和生命的虧空。

過於單純的人很容易隨便浪費感情。他們的心腸軟、心性直，一旦接觸別人的甜言蜜語、眼淚、許諾，頃刻間就熱血沸騰，恨不得把自己體內的眞情一股腦兒和盤托出，毫無保留的奉獻給對方。有些人會利用他們這種意氣行事、太重感情的天性，在他們身上下迷魂藥，待其失去理智時，這些人便可騙取他們所需要的一切。

不夠真誠有危險，太過真誠絕對致命

這類過於單純的人，該怎樣做才能掌握好做人的單純度呢？其實，他們應該理解，這在人生發展的漫長道路中會逐漸形成，因此要改變這種人格弱點不是一天、兩天的事，它需要認眞的改正，在待人處事之中逐漸找到拿捏的分寸。

一、先認識自己的弱點

首先，清楚認識自己身上存在這個弱點，以及其帶來的後果（尤其是已形成的惡果），並且下定決心、當前正是得除去這個弱點的時候。若沒有這種痛切的自我認識，只是因爲被人指責、批評，是永遠不可能了解、甚至於去除這個弱點。

二、做個「聰明的單純人」

反省自己過於單純的原因，才能對症下藥，從根本上祛病，進而恢復自信心。人之所以單純，在於不說假話。然而，太過單純的人往往死板，不講究時機、方式、分寸，結果往往是好心不得好報。

其實，這一現象說明了這些人還缺乏生活經驗，以及處理複雜事務的技巧。所以，我們要提高自己處理人際關係的技巧，對待事情要眞誠得恰到好處，這樣的單純才不會使自己陷入尷尬的境地。

三、學會如何應對小人

單純的人很難處理自己眼前的黑暗，因而常常被社會上黑暗的一面所愚弄。我們不能以同一個模式對待所有的人，也就是說，對待單純的人可以單純，但對待邪惡的人則要有所保留，讓他知道「我其實都知道你暗中做些什麼」。

四、抓住機遇

抓住生活中能夠讓自己有所發展的機遇，從這些機會中展現自我。一開始可能沒那麼順利、可能會失敗，但只要認眞從經驗中反思，並不斷提高策略水準，最後一定能成功。只要成功一次，就會激發出再接再厲的勇氣，請記得將這種勇氣保持下去。

在社會上打滾，不夠真誠有危險，但太過真誠絕對致命。對女性來說，單純的品性很重要，但妳更要做到單純而聰明！

6 妳可以不善心計，但要小心別人

身處在這個日益複雜的社會，與人相處最好避免直言快語。尤其在職場中，更需要多留心。**妳不善工於心計沒關係，但要小心他人如此對妳。**

「逢人只說三分話，未可全拋一片心。」是古人給我們的諄諄教誨，在職場中絕不能隨便就把自己的心思、想法和盤托出。當然，這只是說妳得根據事情、場合而說不同的話，並不是要妳做個虛僞的人，更不是要妳撒謊。如果太隨意就把眞心掏出來給對方，就有可能受傷。

其實，有許多人是因個性太過直率，而被公司悄然掃地出門，只是他們可能不自知。我們常常被安全的假象欺騙，自以爲是的認爲公司內部言論也不受拘束，事實上並非如此。

均瑤是公司裡的業務代表，工作能力強，手上有一些老客戶，因此十分傲氣，不僅看不起同事，也不把上級放在眼裡。部門開會，她只丟一句「客戶約我喝茶」就不參加；總經理要她做事，也都敷衍應付，甚至說：「這種事情交給底下的人不行嗎？反正他們閒著也是閒著，這種事就不要來占用我跑業務的時間了。」

終於，總經理無法忍受了：「解僱她吧，這種人只會破壞團隊，連我這個總經理的話她都可以當作耳邊風，還有誰能管理她？」行銷部主管為難的發表自己的看法：「我也認為應該解僱她，但她手上有幾個重要客戶，如果踢掉她，恐怕沒人能夠馬上接手她的工作。而且，她也許會帶著這些客戶投靠我們的對手。這件事被董事會知道了，恐怕會認為是我們趕走了一個人才。」

總經理沉吟了一會兒：「如果這樣的話……那我讓她升官可以吧？」

於是，公司決議成立新的市調部門，部門主管正是均瑤。這個消息在公司傳播開來，有人說總經理是大人有大量，也有人覺得一個普通的業務代表，突然升到高位簡直是一場兒戲。均瑤意氣風發，現在她成為主管，職位高、薪水好、福利好，不用天天跑業務，只要做好市場調查就行了，她覺得這是自己努力工作應得的獎賞。

出任主管的均瑤必須移交自己的客戶，不過她覺得這不是什麼大問題，畢竟自己已經擁有一個部門，哪裡還計較這些小事？

但是，隨之而來的事情卻出乎她預料。習慣跑客戶的她並不擅長做市場調查，更不習慣團隊管理，她手下的人並不服從她。兩個月過去，她的部門業績掛零，她不得不拉下臉找原來的部門主管求助，想借用對方的資源，卻被對方婉言拒絕。

不得已之下，均瑤只能找總經理求助，卻狠狠的吃了一頓閉門羹：「妳既然是一部之長，就要獨立解決問題。如果部門內部的事情還要找我解決，那我要妳這個主管做什麼？」

董事會上，幾位理事也發表不滿的意見，他們認為：「一個金牌的職員，不見得就是金牌的主管。」理事們一致要求撤掉均瑤的主管職，因為她所管理的部門完全沒有為公司創造出價值。

這時，均瑤才意識到自己的頹勢，但為時已晚，她已完全掉入總經理的圈套之中。雖然她主動找總經理要求調回原職，總經理卻以「無空缺職位，接手的業務代表做得非常好」為由拒絕她，並建議她在公司內某主管底下做內勤工作。均瑤只能辭職，因為她已一無所有，到了新的公司也只能從小職位做起。

上述故事中均瑤的職場失誤，是因爲她不夠聰明，更致命的是她不夠小心。**聰明並不是職場上安身立命的必要條件，但不夠謹慎小心肯定會吃大虧。**

當然，這不是說一個人笨沒有關係，而是說妳**不需要具備超越大部分人的聰明，只需要有和妳理想匹配的智慧就可以**。如果妳的理想超過智慧能達到的程度，這意味著妳將進入一個比妳想像更險惡的競爭環境，周圍的人都比妳聰明，妳只會失敗得很慘。古今中外有多少聰明絕頂的人，最終紛紛中招下馬，我們可以得出結論：小心謹慎，才是一個人在職場上最必須具備的聰明。

當然，我們不能否認均瑤的失敗完全是咎由自取，因爲她太過囂張，完全不把其他人放在眼裡，以至於樹敵太多，打壞自己的人際關係。但是，我們也應當理解她職場淪陷的過程，完全就是一場陰謀。爲了避免這類事情發生在我們自己身上，除了懂得審度時勢之外，我們更需要一顆萬事謹慎的心。

7 試著和討厭的人相處

人與人之間若能敞開心扉、暢所欲言，確實是精神上的享受。但並非事事都能盡如人意。日常生活中，我們會遇見各樣的人，其中肯定有一些會讓我們心生厭惡。可能是出於利益的對立，也可能是因爲印象不好，或是因爲對方身上某種不良的習慣。總之，當見到這類人、聞到這類味道、聽到這類聲音時，都會讓我們產生下意識討厭對方的心理反射作用。

假如這個人根本沒有和妳發生過任何利益糾葛，只是妳主觀意識作祟，而導致妳排斥、不願接觸對方，這是一種非常不理智的心理狀態。這時，若對方對妳也有同樣的反應，就會造成互相敵視，這對雙方都沒有好處。

爲了不因對某人毫無理由的好惡而到處樹敵，我們需要學習試著和不喜歡的人交朋友。妳可以換個角度思考：**在我們討厭的人身上，或許也有值得我們學習的優點。**

孟芳在公司的管理部門工作很順利，直到碰上了一個讓她討厭的人：業務部的年輕新人，知名大學畢業，剛進公司就張揚得不得了，老闆卻很器重她。沒過多久，她就成為業務部經理，和孟芳平起平坐，她們得經常合作。

這個年輕人當上經理後，更加目中無人，她總會想盡辦法在孟芳的工作中挑毛病，這讓孟芳覺得，自己費了許多時間、精力做出來的成績，她根本就不放在眼裡。而如果是管理部門事情處理不當時，她的幹勁更是十足，不把這件事情搞得全公司都知道，她絕不會善罷甘休。

為此，孟芳經常向總監投訴，抱怨業務部經理的苛刻。但是，總監並沒有理會孟芳的抗議，而是建議孟芳和她建立友誼：「她也許是個『惡霸』，但人品和工作是兩回事，她的工作能力很不錯，有值得妳學習的地方。」

孟芳聽了總監的話，決定對這位年輕經理展開友善政策，主動向她提議共進午餐。所謂「人是感情的動物」，自從兩人一起吃了飯、談談天之後，工作上她再不會硬挑孟芳毛病，反而經常提醒孟芳各種需要注意的事。雖然不可能是很好的朋友，但是孟芳明白，最起碼她們不會再產生重大的「交火」了。

試著和討厭的人打交道

如果妳這麼想：「我絕不和我不喜歡的人交朋友，顯得我沒骨氣。」那麼，妳只能等著吃虧。在生活或職場中，我們總是不得不和這些討厭的人碰面，在這種情況下，我們應該適度禮讓、容忍對方，不必成爲好朋友，但不需要讓雙方像是仇人。**主動表示友好，除了能在某種程度之內降低對方對妳的敵意，也可避免惡化妳對對方的敵意。**

事實上，學會和妳不喜歡的人交朋友，並不如想像中那麼難，最關鍵的是妳的想法，只要妳能克服心理障礙，就能做到。

我們該如何與不喜歡的人打交道呢？首先，增加彼此接觸的機會，對對方釋出一些善意。妳內心可能想離這些人越遠越好，但接觸對方也許能改善關係。不過，**接觸時記得藏好自己的厭惡感，並且也要保持適當的距離。**

其次，若同時有其他人在場時，主動讓氣氛活絡，而不要只是板著臉。接下來，妳可以投其所好，從對方的愛好下手，改善彼此關係。

最重要的，就是包容和忍讓。即使妳做了這些改變，對方仍舊討厭妳，妳還是要保持這種友好的態度。畢竟草木、動物都有感情，更何況是人？心存善念，對方一定會轉變。尤其在妳們關係僵持或惡化時，一定要主動表示友好，不要顧慮面子問題。

我們的個人喜惡只能代表自己的想法，但生活還是要繼續過。唯有溝通能消除嫌隙，以避免衝突、獲得尊重。此外，懂得欣賞別人的優點、發揮別人的長處，也能幫助自己成長。學會與妳討厭的人相處，特別是比妳強的人，適當的妥協反而能得到對方的支持。學會與不喜歡的人相處，妳便能順利打入各種交際場合和交友圈，成爲最受歡迎的交際高手。

8 有理也要讓三分

妳可能也遇過這樣的人：即使無理也要爭三分，而得理一定不讓人。他們認為，只要有充分理由，做任何事情都不用害怕，甚至會不顧別人顏面而力爭。相反的，有些人明明眞理在握，卻不吭不響，得理也讓三分，顯得豁達而柔順。

人際往來中遇到小摩擦時，也是考驗一個人修養的關鍵時刻。有些人可以冷靜面對一切，事情往往會化險為夷；但**若是得理不讓人，往往變成火上澆油，小事釀成大禍，後果難以設想**。得禮讓人、不使別人尷尬，給人一條路，也是給自己留了條路。

據說，美國前總統威廉·麥金利（William McKinley）曾因用人問題，遭到一些政府官員的強烈反對。某次國會會議上，有位議員當面粗野的罵了麥金利，而他忍耐下來。等對方咒罵完，他才用溫和的口吻說：「你現在怒氣應該緩和了吧，照理說，你是沒有權力這樣責問我的，但現在我仍然願詳細解釋給你聽……。」他這種禮讓姿態，反而使議員羞紅了臉，矛盾立即緩和下來。

如果麥金利得理不讓人，利用自己的職位和得理的優勢來反擊的話，對方絕不會服氣。麥金利得理也讓人，不與他人計較，可說是非常有智慧的人。

人做錯事時，會產生兩種心理：一種是感到悔恨、抱歉，希望能補償對方；另一種是認為和對方的交情已無法挽回，從此為敵。他會走上哪條路，端看妳怎麼行動。

牢記對方與妳的私怨，就等於向他打出了戰牌；而寬容和忘卻則是一種召喚，給對方和自己一次重新開始的機會。**而給別人機會的同時，也同時給自己一個機會。**

即使有理，也要給對方彌補錯誤的機會

三國時期，諸侯割據稱雄，各個勢力長期混戰，力量此消彼長。在這個過程中，曹操逐漸強大起來，成為唯一能和當時實力最強諸侯袁紹互相抗衡的力

量。不過當時，袁紹的勢力遠遠大於曹操。許多曹操的部下都與袁紹暗中勾結，為自己留後路。

官渡之戰曹操擊敗袁紹後，他將所得的金寶緞匹賞給軍士。清理戰利品時，曹軍從袁軍大營裡繳獲了一大批書信，都是曹操部下寫給袁紹的密件。那些寫了信的人見祕密即將敗露，一個個膽戰心驚，不知如何是好。

曹操左右的人提議：「可逐一點對姓名，收而殺之。」曹操說：「當紹之強，孤亦不能自保，況他人乎？」曹操看也不看，便下令將信件燒毀。

曹操燒信化敵為友，給了他人改正錯誤的機會。曹操其實看透了人性，他明白人在特殊情況下，容易受眼前利益驅使而說錯話、做錯事。反之，如果曹操小肚雞腸，對昔日有意叛逆者追查到底，極有可能造成軍心動搖。況且，當時正是用人之際，若消除異己之士，自己的實力也將大大受損。

正是因為曹操這種既往不咎的舉動，讓部下覺得他寬宏大量，是個值得追隨、報效的首領，所以後來有眾多武將、謀士紛紛投靠，為曹魏出謀出力，奪下整個中原。

當別人犯錯時，若能給對方彌補錯誤的機會，相信大部分的人都會爲其寬容胸懷所折服，而會忠誠、積極的回報。反之，若不給對方改正的機會，反而嚴厲的責罰和懲處，不僅不能讓對方信服，更會挫傷對方的積極性。

「小姐！妳過來！過來！」餐廳裡，一位顧客高聲喊著，他指著面前的杯子，滿臉不高興的說：「妳看！妳們的牛奶是壞的，糟蹋了我這杯紅茶！」

「真對不起！」服務生一邊道歉，一邊仍保持著微笑：「我馬上換一杯新的給您。」

新的紅茶很快就準備好了。和前一杯一樣，碟子上放著新鮮的檸檬片和牛奶。服務生把紅茶輕輕放在顧客面前，又輕聲的說：「我能不能給您一個建議呢？如果您在紅茶裡放了檸檬，就不要放牛奶，因為檸檬酸有時可能會造成牛奶結塊。」

那位顧客的臉很快的漲紅了。他匆匆喝完茶，就離開餐廳。

有人問：「明明是他錯了，為什麼不告訴他呢？他那麼粗魯的叫妳！」

「正是因為他粗魯，更要用婉轉的方式對待；道理一說他就會明白，所以不需要大聲回應。」服務生說：「理不直的人，往往用氣壯來壓人。理直的人，要用氣和來交朋友！」

店裡的顧客都點頭笑了，對這家餐廳的好感度倍增。往後，他們每見到這位服務人員，都想到她「理直氣和」的理論。後來發生的事也證明了她的理論正確：這些常客都看到，那位曾經很粗魯的客人，和顏悅色、輕聲細氣的與這位服務人員寒暄。

明代洪應明《菜根譚》說：「處世讓一步爲高，待人寬一分是福。」此外，古人也還有「有理也要讓三分」、「得饒人處且饒人」等名言。這些警句無疑都在告誡我們，即使得理也要禮讓、謙讓、退讓和忍讓。

只有一種方法能得到爭論的最大利益——那就是避免爭論。如果妳辯論、爭強，或許有時會獲得勝利，但這種勝利是空洞的，因爲妳永遠得不到對方的好感。

即使道理站在我們這邊，也不該強勢；當我們理虧時，則記得要謙遜而真誠的道歉。「用爭奪的方法，妳永遠得不到滿足；但用讓步的方法，妳得到的可能比妳所期望的更多。」爲了鍛鍊良好的心理素質，聰明的女人要勇於接受忍讓和寬容的考驗。

9 不宜深交的朋友

有一種人，以廣泛結交朋友爲榮，可以說三教九流無所不交。嚴格的說，這並不是交朋友，只是一種不負責任的交際行爲。

君子之交雖然平時淡如水，關鍵時刻卻會濃於血。眞正的朋友不會相互利用，而更在意共同的志向和思想，相互幫助、扶持，不會因爲一些小惠小利而斤斤計較。

交朋友時一定要清楚，哪些朋友可以深交，而哪些朋友只能泛泛而談，不可太過深入。也就是說，**要懂得「精選」，選擇那些眞誠寬厚、知識淵博，在事業及人生上能一起進步之人，篩掉那些帶有某種功利目的，例如以權勢相交、以利益結交的人。**

人往往最容易在自己最好、最親密的朋友身上吃虧。身處安全的地方，人總會比較放鬆，與好朋友交往時，妳可能只注意到妳們的關係更加親近，卻忽略他帶給妳的傷害，等到傷害無法挽回時，後悔也來不及了。

心瓊違背父母的心願，放棄了醫學系的學業，致力於創作。值得慶幸的是，她偶然認識了知名的專欄作家青凝，兩人成為知心好友。在青凝悉心指導下，不久後心瓊的文章便獲得了在報紙刊登的好機會。

人很難忘記在挫折時受到的幫助。心瓊與青凝幾乎是形影不離，她們一起參加聚會、到圖書館查資料。心瓊把青凝介紹給她所有認識的人，說這是她的好友、恩人。

但這時，青凝其實面臨著不為人知的困難：她已經寫不出與自己名聲相當的作品了，創作靈感幾近枯竭。當心瓊把最新的創作計畫告訴青凝時，她心裡閃過了一絲光亮。她端著酒杯仔細聽完，罪惡想法就此產生。不久後，心瓊在報紙上看到了她構思的創作，文筆清新優美，而署名是「青凝」。

後來，心瓊談起她當時的心情：「那時候我非常痛苦。其實，如果她當時打電話給我、解釋這件事，我會原諒她。但我整整等了三天，沒有任何音信。半年後，我在圖書館遇到她，我們很小心的詢問對方的生活，然後，很有禮貌的握手告別。」

這件事以後，她們兩人都不再創作。

與朋友斷絕往來是十分痛苦，可是，誰也不敢保證自己交的朋友都是益友。如果妳誤交損友，又不願意、不忍心與其徹底決裂，當斷不斷必遭其亂，最後受傷的會是妳。結交品行端正、心地善良、樂於助人、勤奮上進的人，這樣的朋友就是益友，一生中都會對妳有很大的幫助。

當然，若妳在與對方往來的過程中，發現他並不適合做妳的朋友時，就應該及時止損，所謂「長痛不如短痛」，以免自己步入深淵更難以自拔。

四種不宜深交的朋友

此外，還有許多人因交友不慎，而走上違法犯罪的道路，從而使自己的前程、理想事業全部化爲烏有，這種例子屢見不鮮。

趙經理任職於某間電子產品銷售公司，在業務往來中結交了許多朋友。某天，一個朋友帶他到旅館的豪華套房，並神祕的遞給他一支香菸。趙經理當場便抽了起來，沒多久他就感覺到異樣。這位朋友告訴他，香菸中放了毒品。

趙經理當時十分氣憤，轉身就離去。但吸毒的飄飄然體驗卻讓他產生了再試一次的想法。於是，他找了那位朋友要來一些毒品。從此一發而不可收拾，僅僅一個月後，他已成為十足的「癮君子」，不僅沒心思過問公司業務，也不再關心家庭，還不斷動用自己的積蓄購買毒品。

短短兩年，趙經理就花掉了幾十萬元的積蓄。妻子多次規勸，趙經理自己也曾痛下決心戒毒，兩次進戒毒機構卻都無濟於事。妻子失望之餘棄他而去，讓他悔恨不已。

後來，他從二十多樓的大廈頂樓一躍而下，萬分絕望的結束自己的生命。

出社會以後，妳身邊會充滿各種各樣的人，交朋友不再像學生時期那樣單純。一般來說，以下提及的四種朋友應該儘早與之斷絕往來，把和這些人打交道的時間、精力和金錢，用來結交值得深交的朋友。

一、只關心利益

朋友之間，應多談論興趣、愛好、志向，以及對社會上各種事件的看法。**如果朋友只跟妳談物質利益、談錢，則可將之歸於「俗友」之列。這種朋友對妳雖無大害，但若長期交往不僅浪費妳的時間，也難免使妳變「俗」，因此不宜深交。**

況且，這種「俗友」一般很現實，若沒有好處不會行動，因此當妳處於危難之時，他通常不會對妳伸出援手。這種朋友，泛泛之交即可。

二、酒肉朋友

當妳能給他們好處時，這些人會跟妳稱兄道弟、當好閨密；但妳真正需要他們幫忙時，他們往往一點表示都沒有，甚至跑得比飛還快。

三、雙面人

有些人表面說一套，背後做一套。這種人**「明裡一盆火，暗裡一把刀」，表面上對妳客套親切，背後卻可能置妳於死地。**

認識新朋友時，請多注意他周圍的人如何評價他。在短期往來之中，妳很難發現

這種性格特徵，但接觸時間長的人肯定清楚，因為他們可能曾在他身上吃過虧。若是發現這種現象，趕緊遠離爲上。

四、勢利小人

這類人的通病是，**當妳得勢時，他來錦上添花；但當妳失勢時，他落井下石。**這種人不懂眞誠，只知道權勢。如果妳發現身邊有人是這樣非常勢利、見利忘義的小人，請遠離他，這種人不適合當朋友。

第三章

不較勁、不糾結的活法

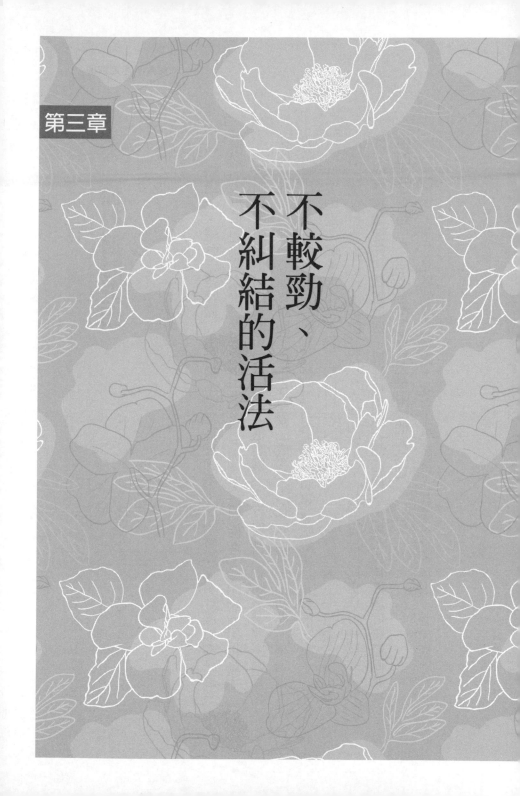

1 懂得適時低頭

職場上，總有一些時候，主動權不是掌握在妳手中。不管妳從事什麼職業，都有需要別人幫忙的時候，這時就得表現出低姿態。大丈夫能屈能伸，聰明的女人也是。**我們不應該害怕找人求助和對人低頭**。低姿態，一方面雖然意味著某些主動權不在妳手裡；但另一方面也**說明了妳正在發展、成長**。人在發展事業的初期，總是求人的時候比較多。向人低頭，並不是說妳低對方一等，只是意味妳處於相對的劣勢。

許多剛進入職場的女性，爲了穩固自己的職場地位、在激烈競爭中搶先占得一席之地，總是想盡辦法找機會顯露自身才能和實力，以爲這樣做能很快得到認可。其實，**什麼事都搶先、做到最好，或許能引起老闆的重視，卻不見得能讓同事認同妳。妳的鋒芒畢露，在他人看來，實質上是阻礙他人成功**。

如果妳才剛進職場就鋒芒畢露，就會過早被捲入升遷之爭，身爲一個尚無地位的新人，很有可能在黑箱操作和利益交換中成爲無辜的犧牲品。如果現在的妳還不具備足夠的實力，爲了自己將來的事業發展，更要學會低頭。

中國有句古語這麼說：「好話不可說盡，力氣不可用盡，才華不可露盡。」倘若妳還不具備足夠實力，太早就把底牌全亮出來，吃虧的肯定是自己。所以，初涉職場的人別過度顯露才能和實力，而要穩紮穩打、盡全力完成當前任務和工作，這樣一來，妳才能在職場中站穩腳步。

站穩腳跟前，先收好自己的鋒芒

經歷一場激烈的競爭後，晨曦進入一家知名的大公司。雖然還年輕、經驗不多，但面對反應遲鈍、對上級只會點頭稱是的主任，晨曦總覺得自己無論在各方面都有優勢。於是，她主動向主任表明，自己願意接下撰寫報告的工作。

某次，總經理需要完成一份學術論文，請晨曦幫忙，她覺得機會終於來了。於是，仗著總經理的重用，晨曦反客為主，開始指派主任工作，甚至安排辦公室的日常事務。即便同事頗有微詞，主任始終保持他招牌式的笑容。晨曦將那篇學術論文完成得非常漂亮，總經理很滿意。

高層的賞識和態度讓晨曦暗自得意，她漸漸掌握了部門的權力，甚至得意的認為，主任這個位置她已經當定了，只等公司在適當的時機公布。

只是事情並不如晨曦想得那麼簡單。主任依舊留任，晨曦只獲得了上級的口頭表揚和鼓勵。晨曦不服氣，便找總經理理論，總經理笑咪咪的告訴她：「做主管，僅有能力還不夠，更需要經驗和能夠服眾的品格。妳還年輕，好好學著點，繼續努力！」

晨曦雖然似懂非懂，但看見其他員工尊重和支持如此平庸的主任，她似乎也明白自己究竟輸在哪裡。

身為新人，在妳還沒有站穩腳跟時，大展鋒芒並不是明智之舉，反而會使自己陷入被動局面。處處想展現自己的才幹和見識，代表妳將自己定位拉得很高，無形中對老闆和同事構成威脅和壓力。而因為這種壓力和關注，當妳需要幫助或出差錯時，他們的反應會更強烈，輕則視而不見，重則落井下石。

企業中，老員工與新進員工最大的不同，在於兩者對工作的認識和行為方式不同。心態上，老員工認為自己是企業的一分子，重要的是責任、規矩和團隊；而年輕員工多半以自己為中心，重視個性，講求辛苦要有回報。

此外，老闆大多不希望看到狂妄自大的員工，同事也往往不喜歡自以為是的人。年輕人充滿自信、驕傲與創意，一旦遭受老闆和同事的冷凍和打擊，其苦悶和壓抑可想而知。

初入職場，不要放棄內心那份積極與熱情的初衷，但表面上要更加冷靜、內斂。做事之前多向同事和主管請教，取得成果時將功勞歸功於同事，如此能讓妳更順利的度過職場磨合期。

2 自掃門前雪，難有真朋友

生存在這個世界上，不論妳願意與否，都必須與人打交道。如今，人很難能隱居到森林、山洞裡，忍受魯賓遜（按：小說《魯賓遜漂流記》〔*Robinson Crusoe*〕的主角，為海難倖存者，在一個偏僻荒涼的小島上度過了二十八年）式的孤獨生活。爲了努力獲得更大的成功，我們離不開社會環境，離不開人群。

妥善處理各種人際關係，是我們在這個社會中生存的重大課題。而拓展人際關係的一大法寶，就是伸出熱情的手幫助和關懷別人。

一個人若「只顧自掃門前雪，不管他人瓦上霜」，把幫助別人看成是自找麻煩的行爲，不可能有眞正的朋友。而且，這種人通常也不可能會爬到很高的地位，因爲一切有利的途徑都被自己堵死了。

在當前商品經濟（按：一種社會經濟模式，相對於自給自足的自然經濟，指直接以交換為目的經濟形式，包括商品生產和商品交換）時代，許多人爲了自己的利益，不惜損害別人的利益。但其實，誰都不知道將來會不會需要誰的幫助。因此給人方便，也就是給自己方便。

助人往上爬，妳會爬得更高

年輕演員喬娜才剛在電視上嶄露頭角。她美麗迷人、優雅大方，很有演藝天賦，扮演配角沒多久便被提拔，開始演出劇集主角。為了將來的職涯發展，喬娜需要有人為她包裝和宣傳，以擴大知名度，因此她決定找公關公司。

偶然的一次機會，她遇到瑪莉。瑪莉曾在紐約一間最大的公關公司工作，不僅熟知公關業務，也有好人脈。幾個月前，她創立了自己的公關公司，目標是打入娛樂領域。不過，由於沒有在這一行的相關經驗，一些有名的演員、歌手都不願與她合作。

喬娜與瑪莉談得非常愉快，兩人一拍即合，便決定聯手合作。喬娜成為瑪莉的公司代言人，瑪莉則提供喬娜經費。喬娜是一名好演員，當紅電視劇中時常也有她的角色，瑪莉便在一些有影響的報章雜誌宣傳她。這樣一來，她自己也更加出名，很快就有明星找她做公關顧問，付給她很高的報酬。而喬娜不僅不必花錢打知名度，且隨著演戲、宣傳名聲越來越大，走上更有利的地位。

每個人都渴望實現自己的人生目標，但若不懂得借他人之力，也不幫助別人，只會離成功越來越遠。每天，妳會遇到那麼多人，其中肯定有些人具有幫助妳提升事業的能力。**「幫助別人往上爬的人，會爬得最高」**，如果妳能幫助別人獲得他們需要的事物，將來當妳需要時，也能因此得到幫助。

加拿大雁便深知合作的價值，牠們總是以V字形隊伍飛行，因為這種隊形可以減低飛行時的空氣阻力。若有任何一隻雁偏離隊伍，會立刻感受到空氣阻力變大，就會回到隊伍之中。此外，如果領頭的雁飛累了，其他雁會自動遞補牠的位置，繼續帶著大家飛行。

幫助別人，會為我們帶來內心的平和與安定，患難中的真情總讓人難以忘記，妳不僅能收到別人滿滿的感激，還可能因此收穫一份充滿信任的友誼。

3 裝傻，是一門技術活

有些人喜歡表現出聰明的樣子，即使自己並沒有那麼厲害，也要「打腫臉充胖子」。這樣的人是眞聰明嗎？其實並不見得。有些人看起來很傻，反應都要比別人慢半拍，卻看透了事情的眞相，這才是眞正的聰明人。

「裝傻」是一種很高的境界。其實，**裝傻並不是唯唯諾諾、忍氣吞聲，而是換一種方式，模糊處理生活中的小事**。爲了某種需求而適時的裝傻，並不是作假。

人人都想表現得聰明，要裝傻反而很難。這需要有氣量，既能夠愚，又愚得起。所謂「鷹立如睡，虎行似病」——老鷹站著像是睡著，老虎走路時像生病的模樣——這就是牠們準備出擊狩獵前的策略。

小說《三國演義》中，有一段「曹操煮酒論英雄」的故事。

當時，劉備落難投靠曹操，曹操很真誠的接待他。劉備住在許都，為防遭到曹操謀害，他就在後園種菜，以此放鬆曹操對自己的戒備。

一日，曹操約劉備入府飲酒，以龍喻人，談論當世英雄。劉備點遍袁術、袁紹、劉表、孫策、劉璋、張繡、張魯、韓遂，均被曹操一一貶低。曹操指出英雄的標準：「胸懷大志，腹有良謀，有包藏宇宙之機，吞吐天地之志。」劉備問：「誰人當之？」曹操說：「今天下英雄，惟使君與操耳。」

劉備韜光養晦棲身於許都，野心竟被曹操點破，嚇得把筷子掉到地下，恰好當時大雨將至，雷聲大作。劉備便從容拾起筷子，說：「一震之威，乃至於此。」巧妙掩飾了自己的慌亂，從而避免了一場劫難。

劉備在這段煮酒論英雄的對答中，表現非常聰明。他藏而不露，不誇張炫耀，躲在鄉野間親自躬耕，不把自己放進英雄之列，至少表面上收斂了自己的行爲。

學者胡適晚年曾說：**「凡是有大成功的人，都是有絕頂聰明而肯做笨功夫的人。」**美國石油大王約翰・洛克斐勒（John Rockefeller）寫給兒子的信件中，曾提到「裝傻也是一門學問」。清代畫家、文人鄭板橋的處事精神「難得糊塗」（按：面對種種人世間的紛擾，有時不妨以輕鬆、寬容的態度對待），也是相同道理。

不懂裝傻，只能死殺硬拚

春秋時期，齊國大夫隰斯彌去見正卿（按：執政大臣兼軍事最高指揮官）田成子，田成子和他一起登上高臺，向四面眺望，三面的視野都暢通無阻，只有南面被隰斯彌家的樹遮蔽。田成子當時沒說什麼，而隰斯彌回到家後，便叫人把樹砍倒。但沒過多久，隰斯彌又說不砍了。

他的家人問：「您怎麼又改變主意了？」

隰斯彌答：「諺語說，能夠看見深淵之魚的人不吉祥。田成子是有篡位野心的人，若我表現出能在精微處察覺事情的真相，我便必然有危險。不砍倒樹，未必有罪。但是，知道別人隱藏的心事，罪過就大了。」

做人切忌恃才自傲，而不知饒人。鋒芒太露容易遭人嫉恨，更容易樹敵。歷史上，功高震主的臣子，有許多最終招來了殺身之禍。因此，與上級往來最重要的技巧，就是適時的裝傻：不顯露自己的高明，不糾正對方的錯誤。

人際交往之中，裝傻可以爲人遮羞，讓他自找臺階下；也可以故作不知，形成幽默感；還可以假痴裝癲，讓對手困惑。

當妳與對手交戰時，不要太聰明。當對手認爲妳很聰明時，會以超過百分之百的精力應對；而當妳裝傻時，敵人反而會放下心來。想一想，如果是妳，恐怕不會太留意一個看起來沒有能力又很蠢的人吧？但是，勝負往往就在這一念之間。

學會在敵人面前裝傻，是一種示弱又高明的策略，這會爲妳贏得時間與奪取勝利的機會，甚至可能贏得敵人的友誼與寬容，這樣的人更容易成功。而那些**不善於適時裝傻的人，只能死殺硬拚**。

聰明而不露，才能走得更遠。這就是所謂「藏巧守拙，用晦如明」。不論本身的性格是機巧奸猾還是忠直厚道，幾乎都喜歡傻呼呼的人。**但這並不代表妳要改變自己的性情，而是「裝」出傻的樣子**。懂得藏巧，不爲人識破，是一種高深的制勝策略。

當今社會，聰明的女人要懂得在必要時刻裝傻，不隨意炫耀自己的聰明才智，這才是眞正的聰明人。

4 學學貓頭鷹，睜隻眼閉隻眼

現實生活中，我們偶爾要糊塗。即使有些事情妳已經看得很明白、很透澈，也不要直接說透，過分直率有時反而會害了自己。這個時候，不妨睜一隻眼、閉一隻眼，看得明白，裝作糊塗。

俗話說：「規則之外，始終有人情。」職場上，我們常會遇到各種各樣的瑣事，這時候不必看得太過認真，只要不是原則問題，睜一隻眼、閉一隻眼其實未嘗不可。

許多剛進入職場的年輕人太過耿直，這種性格可能會影響到自己。如果妳凡事都喜歡算得清楚，只會讓別人對妳心懷怨念，職場之路走得更加坎坷。

李梅在職場中打滾多年，幾乎公司內所有人都認得她。平時，李梅一踏進辦公室，櫃檯的小張就會立刻跟她打招呼，而公司其他員工也和她相處融洽。

為什麼李梅會這麼受歡迎呢？其實，是她懂得怎麼做人。

某次，李梅經過櫃檯時，小張正好在玩電腦遊戲，而這個時候還是上班時間，公司規定不得做其他事。小張一見到李梅，立刻關了遊戲，但還是被看見了。這時，李梅只是微微一笑，說：「小張，你有看到我的報告嗎？」小張馬上回答：「有，送到妳的辦公室了。」「好的，謝謝你。」李梅當作什麼都沒看到，走向自己的辦公室。

另一次在洗手間裡，李梅無意聽見兩個同事正在說主管壞話。兩個同事看見李梅都嚇了一跳，她卻只是洗洗手就走出去。後來，也沒有聽到什麼風聲，他們知道李梅並沒有把話傳出去。

就這樣，同事們更加信賴李梅，有什麼好東西都願意跟她分享。李梅的偶爾糊塗，為她的職場之路帶來了好運。

職場中，我們需要學習「大智若愚」。有時，糊塗並非壞事，看得太明白，反而會成爲絆腳石。當妳看得太透澈、太明白時，往往是自尋煩惱的起點。

糊塗就像彈簧，其中充滿力量

糊塗有「眞糊塗」與「假糊塗」之分。爲人處世不妨睜隻眼閉隻眼，小事糊塗，大事明白，不要花時間計較瑣事。

退一步，其實是為了更進一步，好漢有時也要吃眼前虧。「自以爲」聰明的人，無論大事小事往往都不糊塗，爲了一點雞毛蒜皮的小事斤斤計較。這樣自詡聰明的人，其實最傻。所謂「眞正聰明的人，往往聰明得讓人不以爲其聰明」，而眞正糊塗的人，往往會以爲自己最聰明。

糊塗，可以讓我們心境平靜，在平凡的人生旅途上，以愉快心情瀟灑走過。

此外，**真正聰明的人會利用裝糊塗的方式，為自己謀取利益**。如果妳是主管，當部屬出錯時睜隻眼閉隻眼，不計較太多細節，部屬會因妳的寬容而心存感激；如果妳是員工，看到上級犯了無關大局的小錯時，睜隻眼閉隻眼、替他保留面子，反而能拉近你們的關係。

糊塗不是軟弱，它像緊緊縮起的彈簧，雖然沒有強健的外表，內裡卻蘊藏著不可忽視的力量。聰明的人，對小事別太認眞，睜一隻眼閉一隻眼——這並不是說可以隨波逐流、不講原則，而是說別計較無關大局的小事。

生活中的一切，只要妳仔細觀察，都一定有瑕疵。難道要一一追究、處理嗎？這樣只是爲自己增添不必要的煩惱。其實，換一種角度來看待它，將會發現凡事都有美好的一面。

古人云：「水至清則無魚，人至察則無徒。」其實，當妳翻看歷史，會發現古今中外的做人哲學都很相似，都有以「糊塗主義」掩蓋內心精明的勸諫。現代社會中，雖然沒了刀光劍影，也少有性命之憂，但裝糊塗這門學問，並沒有失去它的光彩。無論在職場、在家庭，總有一些事情需要妳裝糊塗。聰明的女人，一定要學會圓融、學會睜一隻眼閉一隻眼，別過分認眞而導致處處碰釘子。

5 高調做事，低調做人

想在職場這個沒有硝煙的戰場上，贏得最後的勝利，靠的是能力、智慧、進退分寸的拿捏，以及「害人之心不可有，防人之心不可無」的謀略。職場上沒有永遠的敵人和朋友，只有競爭者和合作者。想要工作順利，唯有和職場上各方人物搞好關係、和平共處，才能在這條路上有一席立身之地，才能走得遠、走得高。

聰明的女人，要懂得低調做人，後退一步，給別人表現自己的機會。

某間企業的總經理剛上任，便召集所有員工開會。他謙虛表示自己初來乍到，請大家提出公司發展的建議。在場員工你推我、我推你，說些無關痛癢的話，而總經理一臉謙恭，始終微笑而有耐心。

突然，王霞站了起來，把似乎憋了很久的話一口氣說了出來：「我們公司有很多問題，若想好好發展，我認為必須做到以下三件事：第一……第二……第三……。」她講得慷慨激昂、有理有據，直指當前公司矛盾的核心。而其他員工只是靜靜看著她，或低頭看著自己的桌面、鞋尖。王霞講完後，沒有人吭聲，現場一片沉默。

總經理看看大家，好像明白了什麼，便問：「年輕人，妳今年幾歲？工作幾年了？」王霞一一回答。

總經理接著便批評她：「在座有很多比妳年長、比妳資深，學識也比妳多的前輩，這間公司的發展，他們難道看得不比妳清楚嗎？妳所說的一定正確嗎？希望妳以後多向前輩請教，虛心向其他員工學習。」

但是，會後總經理卻把王霞請到自己的辦公室。關上門後，總經理拍拍她的肩膀，說：「年輕人，以後公司就靠妳了。」王霞一頭霧水：剛才你還批評我，為什麼現在說這種話？

總經理說：「剛才妳在會議上講得很正確，但講得太尖銳、太直接了。而且，妳這樣講了以後，其他同事會認為妳自認比他們更厲害，可能因此不滿而聯合起來對付妳，妳的處境就會很危險。所以，我才要批評妳，把妳救出來。

以後妳要記住：高調做事，低調做人。」

高調做事，低調做人，正是我們做人處事的一項重要原則。做人要低調謙虛，做事要高調有信心，這樣才能把事情做好，同時也維護妳與他人的關係。

給別人表現的機會

所謂的低調做人，並不是任何事都退到最後，即使自己的利益被別人剝奪強占也不發出任何聲音，人格被侮辱也不反抗——這不是低調，而是懦弱。低調做人，是不招搖，不要有一點本事就拿出來誇耀，不要沒事湊在主管身邊、擺出自己很受寵的模樣。理解自己有多少本事，不要一口氣拿出來張揚，而是慢慢用、在別人需要時用於幫助他們。

而高調做事，也不是大聲喊口號，讓全世界的人都知道妳要做什麼；是要對自己所做的事看得透澈，在有把握時以專業姿態、完美達成。

當然，如果還不夠有把握，就先退到後面好好琢磨，找人商量、請教；或者就盡力去做，出問題也盡力解決。別害怕承擔責任，出了錯必定會有人承擔，**若輪到妳承擔責任，說明妳已具備了承擔的能力**；更不要害怕自己的成果被別人搶走，因爲妳做了什麼，肯定有人看在眼裡。

對聰明的女人來說，**高調做事、低調做人的關鍵，是在同事之中保持低調，盡量多給別人表現的機會**。和同事打好關係，讓大家悅納、讚賞、欽佩，正是一個人能在職場中站穩腳步的根基。根基既固，才有枝繁葉茂、碩果累累；倘若根基淺薄，便難免枝衰葉弱，不禁風雨。

低調做人、給別人表現的機會，是在組織中加固根基的絕好姿態。如此不僅能讓妳保護自己、融入人群、與同事和諧相處，也可以積蓄力量，最終成就妳一番事業。

6 鋒芒會刺傷別人，也會刺傷自己

成語「鋒芒畢露」中，鋒芒本指刀劍的鋒利，如今人們往往將它比擬爲人的聰明才幹。古人認爲，一個人如果看上去毫無鋒芒，則是扶不起的阿斗（按：指三國人物劉禪，為劉備的兒子），因此有鋒芒是好事，是事業成功的基礎。

在適當的場合顯露自己的「鋒芒」是有必要的，但是，**鋒芒會刺傷別人，也會刺傷自己**，運用時要格外謹慎。當人過分外露自己的聰明才華時，容易導致自身失敗。尤其若事業規模巨大，經營者鋒芒畢露，盡展自己的聰明和優秀，非但不利於事業發展，甚至還可能失去自己的身家性命。

職場上，如果一味逞強，處處表現、鋒芒畢露未必是好事，處理不當反而適得其反，使自己陷入拉鋸戰，工作也會遭遇更大的阻力。因此，**低調做人也不失為一種以退為進、爭取更多優勢的方法**。

一、少一點精明，多一點關心

在職場打滾上的人大多很聰明，心中盤算著自身利益的得失。如果妳表現得過於精明，事事都要搶占先機，就不免因為得到某些小利益，而得罪他人。若有些人緊盯妳不放，妳的人際關係就容易陷入緊張。

聰明是工作的必要條件，但要適度。適時吃一點虧，讓利於同事，反而會為妳創造出寬鬆的人際環境。不過，吃虧要有技巧，要在明處吃虧。聰明能幫助妳認清自己所處的環境，精明則顯得妳目光短淺、處處算計。因此，妳應該多思考長遠的利益。

如果周圍有些同事與妳的關係不是十分融洽，適時表現關心是改善妳們彼此關係的妙方。不過，這種關心也要選在同事真的需要幫助之時，如果搞不清楚狀況、隨便關心，反而會讓同事覺得妳只是為了討好他，增強了對方的反感。

二、承認自己的無知

許多人轉換跑道後，往往以自己學歷高、經驗豐富自恃，急於展現自己的才能，但這樣鋒芒畢露的做法，反而會使妳陷入被動狀態。

首先，妳與新環境之間尚處於磨合期，對工作內容、公司的經營模式等還未了解，急於求成反而容易產生大失誤。其次，由於妳急於表現自己，極可能忽略同事及上級的意見和感受，在別人心中留下目中無人的印象，最後處處不討好。若這樣發展下去，妳的人際關係會變得脆弱，工作上與別人的配合度也會越來越差。

一般來說，進入一間新公司時，有三大網絡不能隨意碰觸。第一個就是人際關係網絡。不論公司內部人際關係複雜與否，早在妳加入之前就已存在。新人加入後，一般都會搞不清楚狀況，或可能面臨要加入哪個小圈圈的問題，如果這時莽撞行事，很可能會討好一些人、卻得罪其他人，甚至在所有人面前都不討好，同時還會介入另外兩大網絡的紛爭。

另外兩大網絡指的就是利益和權力。這兩方面是人際關係的延伸，而又比人際關係更敏感。若是處理不善，觸及其他人的利益，輕則被人貶視，重則保不住工作。

剛進入新公司時，新人不要急於表現自己，更不要匆匆就加入某一群體。到職之初，最好表現得淡然一些，爲自己留下充足時間觀察局勢。

爲避免自己的形象被妖魔化，最好適當收斂鋒芒。當妳轉換到新的工作環境，肯定有一部分事務是妳從沒接觸或不太熟悉，這時妳必須承認自己的「無知」，不懂的地方多向同事和前輩請教，如此一來，不只妳的工作更順暢，還同時給同事留下謙虛、好學、尊重他人的好印象。

承認無知不會讓人留下蠢笨的形象，反而能給別人更多的信任感，他們會更樂於接納妳，與妳好好合作。

三、流言蜚語，冷處理

清代畫家鄭板橋的名言「難得糊塗」，道出人生的大智慧。職場中，適時裝糊塗是大智若愚，可以讓妳在職場中更自在。

面對喜歡吹毛求疵、對人指指點點的同事，最好的辦法就是裝糊塗。在他們還沒有來挑妳毛病以前，先假裝不知道，並拿這個問題請教他們，以退爲進，他們往往也很難再說妳壞話。

辦公室裡的流言蜚語，容易讓人感覺到無盡的壓力和疲倦。如果自己先忍不住爆發，反而給好事者製造更多的口實，流言也會越傳越盛。此時，不如學習「冷處理」，這也是一種裝糊塗的方式。無論別人怎麼說都不理睬，相信清者自清，好事者投下的石頭連朵水花也激不起來，流言自然就會消散。

四、低調處世，偶爾示弱

有些人喜歡出風頭、喜歡聽別人稱讚，唯有這種方式才覺得自己受人肯定、有成就感，所以這類人往往很在意別人對他們的評論，一心只想著怎樣討好別人、博取讚美。其實，這樣做未必能贏得眾人的好感，其鋒芒反而容易刺傷周圍的人，在競爭中很容易先被拿出來開刀。

眞正的競爭，靠的是實力。別太在意別人對妳一時的評論，畢竟成敗不是一、兩句話決定，過於好強和在意，並爲此花費大量精力很不值得。一時的榮辱得失，低調處理，在別人面前「甘拜下風」不失爲良策，也可以避免妳捲入過多的人際是非。

重點放在提高自己的實力，把時間和精神拿來蘊積實力，妳才能在競爭激烈的社會裡處於不敗之地。

在職場上行走，「硬碰硬」的效果未必最好，反而選擇在適當時機示弱，會為妳創造出良好的人際關係。要注意的是，「示弱」只是職場上的生存方式之一，要掌握好示弱的分寸，若是過了頭，反而容易被人鄙視。

五、晉升與加薪，到底是機會還是陷阱？

每個人都嚮往晉升和加薪。但是，這不一定代表著機會和光環，有時也可能是陷阱。許多人被提升到新職位後，無法應付這一層級的工作要求，工作效率降低、業績無法提升，而讓自己焦頭爛額。這就是「彼得原理」（Peter Principle）的陷阱。簡單來說，**彼得原理指的是人們總可能升遷到自己不能勝任的位置，最終整個組織的職位都被無法勝任工作的員工占據，從而導致組織效率下降**。

在公司內尋求向上升遷，是許多人的夢想，而企業往往也很樂意提拔表現突出的員工。然而，這種提拔可能並沒有考慮到該員工的能力，能否達到晉升上去的職位。晉升代表著管理層級和方式都與過去不同，若用低一層級的方式應對高一層級的工作，肯定會造成無法順暢管理或效率下滑的現象；在員工個人層面而言，也會陷入「高處不勝寒」的境地。這在銷售方面的職務上，體現尤其明顯：業務做得好、業績突出，就會升爲業務主管，但往往沒有考慮到這個人是否具備管理和領導能力。

面對晉升和加薪時，不要盲目樂觀。首先要辨認晉升與加薪是機會還是陷阱。如果是機會，自然要好好抓住；但若現在的自己還無法勝任，就別貪圖一時的榮耀。

7 看破但別說破

與人相處時必須尊重對方，這對於我們是否能和別人愉快、融洽相處，有著至關重要的作用。實際上，**讓別人感覺受到尊重，就是我們常說的「面子」**，保全別人的面子很重要。

可是，不得不遺憾的說，有些人其實並不在意這件事，他們更樂於直接指出別人的錯誤，以一種踐踏他人情感、刺傷別人自尊的方法，滿足自我的虛榮和自尊。

這些人很少考慮別人的面子，喜歡挑剔、擺架子，在別人面前指責自己的孩子或部屬，而不會爲了保全對方的面子，以關心代替責備。如果我們每個人都能設身處地爲別人想，並發自內心的表示關心，場面往往就不會陷入尷尬。

美國著名的跨國企業奇異公司（General Electric Company），曾碰上一個非常棘手的問題，因為他們不知道該如何安置脾氣古怪、暴躁的企劃部門主管喬治。奇異公司的董事們承認，喬治過去在電氣部門稱得上是超級天才。董事們非常後悔把喬治調到企劃部門，因為在這裡他完全不能勝任自己的工作。

雖然有人認為，應該直接告訴喬治這個調換職位的決定，但董事們並不想因此傷害到他的自尊，畢竟他是難得的天才，自尊心非常強。最後，董事們採用婉轉的方法：授予喬治一個公司內部前所未有的新頭銜——諮詢工程師。

實際上，諮詢工程師的工作性質，和喬治以前在電氣部門的工作性質完全一樣。但是，喬治對公司的這一安排表示非常滿意，沒有向上級部門發牢騷，這讓公司高層非常高興。他們慶幸自己當初選擇了能保住喬治面子的做法，否則這位敏感的超級天才，可能會把公司鬧個人仰馬翻。

批評或懲罰他人，並不一定非得直白的進行，而是可以採用委婉、間接的方式，一樣能達到目的。如果能在保住別人面子的情況下，指出對方的錯誤，也許他們更能夠接受妳的意見。

為他人保留面子，會有意外的收穫

解僱員工，其實並不是一件輕鬆的事情。我的朋友蘇菲曾講過她的經驗：

「會計師這一職業是有季節性的，因為我們的業務量就是這樣，不可能在沒有工作的情況下僱用那些有能力的會計師，」蘇菲有些無奈的說：「妳知道嗎？解僱一個人並不是什麼十分有趣的事，被別人解僱更是沒趣。但我沒有別的選擇，我必須在所得稅申報時間過後，對很多人說抱歉。其實，我們都不願意面對這樣的現實，誰也不願意去解僱任何人。」

蘇菲接著說：「不過，做這行的都知道，自己遲早會面對這件事，躲都躲不掉。因此，大家變得麻木，心裡只盼望著能早點趕走這種痛苦。大多數時候，人們都會這樣說：『你知道，現在旺季已經過了，我們沒有必要再繼續僱用你。你放心，明年旺季時，我們還會繼續僱用你。』這對對方來說真是太殘忍了，到了明年，這些人往往不會再回來。因此，我從來不對人這麼說。」

我對她的話非常感興趣，追問：「那麼，妳怎麼和那些會計師們說呢？」

蘇菲有些得意：「我不做這種傷害人自尊的傻事。當我不得不去解僱某些人時，總是委婉的說：『某某先生，您的工作做得非常好，我也非常滿意。我記得有一次您去紐約出差，那裡的工作太令人厭煩了，您卻把它處理得井井有條，沒出半點差錯。我希望您知道，您是我們公司的驕傲，我們對您的能力沒有一絲懷疑，我希望您能夠永遠支持我們，當然我們也會永遠支持您。』」

「然後呢？」我不解的問。

蘇菲笑了笑說：「然後，就替他算薪水，讓他離開了。事實上，身為會計師，每個人都很清楚，到了這個時候自己肯定會失業。他們在面對本來就會發生的事情時，希望獲得的是一份尊嚴。我為那些會計師保留了尊嚴，因此他們也會非常樂意再一次回到這裡工作。」

為他人保留面子，會使妳得到意外的收穫，也會讓妳的人際關係變得融洽和諧。

8 世上沒有白吃的虧

所謂「吃虧就是占便宜」，做人若願意吃虧，自然就少是非。有許多人因爲不肯吃看得見的小虧，反而在最後不得不吞下大虧，撿起了芝麻，反而丟掉了西瓜。**吃點小虧，其實是為了得到更大的利益和回報**。

有些人會以爲，自己幫同事做一些小事，像是擦桌子、倒杯水、解決工作上的小問題，就算是吃虧，因而完全不願意出手爲同事做任何事。其實，這一點一滴的積累，反而會讓妳成爲職場中的寵兒。人見人愛，在職場上行走自然就暢快得多。

也就是說，**「吃虧」是一種長遠的投資**。許多人爲了自身利益，不肯吃一點點虧，爲了多占便宜，而演出一幕幕你爭我奪的鬧劇。這些人卻不知道，「吃虧」與「占便宜」其實是禍福相依，又可以相互轉化。

調整自己的心態吧！當今職場競爭如此激烈，若以爲進入大公司，就能等著每個月拿薪水、像在學時一樣悠哉，不肯「吃點虧」多做一點工作，反而損失更大。

多做一次分外的工作，就多一次學習和鍛鍊的機會，同時妳也能多學會一種技能、多熟悉一種業務，上級一定會對妳青睞有加，這是讓妳能從同事中脫穎而出的捷徑。吃小虧其實就是一種投資，當妳從長遠的角度思考，就會發現這件事其實是拿銀子換黃金。

貪小便宜的人，往往最終無法發家致富。想要讓自己的人生和事業有好的發展，絕不能落下愛貪小便宜的名聲。凡事多讓別人一些，別太在意吃點小虧，人生路才能走得更順暢。

主動吃虧，展現可靠

明代重臣楊士奇，歷任惠帝、成祖、仁宗、宣宗、英宗五朝。他為人謙恭禮讓，以正理待人，從不存偏見，因此受到歷代君臣的稱讚。

自明惠帝建文年間起，楊士奇歷任少傅、大學士，在政治、經濟上的待遇已很可觀。而在仁宗即位之後，楊士奇兼任禮部尚書，不久後又兼兵部尚書。面對如此浩蕩皇恩，楊士奇心中很不安，因此向仁宗皇帝辭謝。

楊士奇說：「我現任少傅、大學士等職務，再任尚書一職，確實有些名不副實，更怕群臣背後指責。」仁宗皇帝勸解說：「黃淮、金幼孜等人都是身兼三職，並未受人指責。別人不會指責你，你就別推辭了！」楊士奇見君命難違，不能再推，便誠心請求辭去兵部尚書的俸祿。他認為，自己可以擔任兵部尚書這一職務，但不能再接受豐厚的俸祿。

仁宗皇帝說：「你在朝廷任職二十餘年，我因此特地獎賞你，給予這種待遇，你就不必推辭了。」

「尚書每日的俸祿可供養六十名壯士，我現在獲得兩份俸祿已覺得過分，怎麼能再加呢？」楊士奇再三推辭。

這時，另一名大臣順勢勸他：「你應該辭掉大學士那份最低的俸祿。」而楊士奇說：「我有心辭掉俸祿，就該挑最豐厚的來辭，何必圖虛名呢？」

仁宗皇帝見他態度這樣堅決，又確實出於真心，最終答應了他的請求。

楊士奇決定讓出自己的俸祿，這件事相當難能可貴。也正因為他主動讓利，讓皇帝更覺得他忠誠可靠，一心為國，不謀私利。這也是他能夠在勾心鬥角的朝廷之中，安然度過五朝的根本原因，畢竟，哪個皇帝不想擁有這樣可靠的臣子呢？

換作現代生活中也一樣，誰不想找可靠的人當合作夥伴或部屬呢？不怕吃虧的人，一般都平安無事，且終究不會吃大虧；相反的，愛貪便宜的人最終總貪不到眞正的便宜，往往還留下罵名，甚至因貪小便宜而毀掉自己。

一九三三年，經濟危機在美國蔓延時，哈里遜紡織公司因一場大火化為灰燼。三千名員工悲觀的等待董事長宣布公司破產和員工失業的消息。在漫長而無望的等待中，他們等來了董事會的一封信：「本公司決定繼續支付員工一個月的薪水。」

在全美國經濟一片蕭條的當時，能有這樣的消息傳來，員工們感到欣喜和意外，他們紛紛打電話或寫信給董事長表示感謝。

一個月後，正當員工們煩惱下個月生計時，他們接到了董事會的第二封來信，董事長宣布將再支付所有員工一個月的薪水。三千名員工接到信後不再是意外和驚喜，而是熱淚盈眶。在失業席捲全國、人人都為生計發愁之時，能有如此的待遇，誰不會感激萬分呢？

第二天，他們紛紛湧入公司，自動自發的清理工廠、擦拭機器，還有些人主動到南方各州聯絡被中斷的貨源。三個月後，哈里遜公司恢復營運。

當時，有報紙如此描述這個奇蹟：「員工們使出渾身解數，日夜不懈的賣力工作，恨不得一天工作二十五個小時。而過去曾勸董事長領完保險公司賠款後就趕緊一走了之，以及批評他感情用事、缺乏商業精神的人，也都對他心悅誠服。」

由此可見，若董事長沒有這種敢於吃虧的精神，怎會使他的事業起死回生？如果妳能夠心平氣和的面對吃虧，表現自己的度量，往往能夠獲得他人青睞、獲得事業所需要的人脈資源，從而得到成功。

世界上沒有白吃的虧，有付出必然有回報，若太過斤斤計較，往往得不到他人的支持。從長遠的角度思考，妳會發現吃虧實際上就是一種投資！

9 示弱，調動別人的保護欲

人不應該示強，而應該示弱，這才是最高的做人境界。妳當然可以很強，但也要懂得在適當時機隱藏自己的光芒，向眾人「示弱」。因爲在某些時候，示弱與示強得到的效果截然不同：示弱，讓人處於強勢的地位；而逞強，反而讓妳處於弱勢。

示弱並不代表眞正的弱。生活中示弱，可以是一對一與人接觸時，推心置腹的長談、幽默的自嘲，或是在人群中有意以己之短，托人之長。

如果妳碰到有實力的強者，他的實力明顯高於妳，就不必爲了面子或意氣而與他爭強。硬碰硬雖然有可能戰勝對方，但毀了自己的可能性更大。此時妳不妨示弱，以化解對方的戒心。

性情剛烈的馬，一般來說性命較短，因爲難以馴服，故不免被殺的命運；而那些示弱的馬，因爲較易馴服，往往能夠在賽場奪冠而被精心飼養，自然得以延命。

身為強者選擇示弱，無論是自己還是更弱者，都會有所收穫。當強者以弱者的姿態行事，自然會謙虛謹慎，而別人也樂意接受。如此一來，則強者更強；而比他更弱者，則能從中獲得慰藉、平衡，從而自覺向強者學習。

此外，示弱與博取憐憫不同，若得到的是他人的可憐，還不如不要。示弱是因為人類好強而衍生的戰略武器，聰明的女人在與人往來時，一定要懂得巧妙的示弱。

女人示弱對自身並沒有什麼損失，甚至給予男人更多的自信和安全感。善於低頭的女人才是眞正厲害，平時越是強悍的女人，示弱的威力便越大。

人的天性中有種保護欲。尤其是男人，面對強悍的女人會表現得更強悍、有競爭心；但若面對示弱的女人，則會展現其憐香惜玉的一面。事業成功的女人，往往要更懂得示弱，少一點咄咄逼人，讓別人和妳相處時更輕鬆自在。

元君和倩倩是同間公司的職員，兩人年齡相當，但她們在公司的受歡迎程度大不相同。倩倩非常注重自己的職場形象，在公眾場合絕對不哭，即便受到上級批評，也總是一副堅強的姿態，是典型的「戰士」，天生的鐵娘子。倩倩一直很滿意自己強悍、能夠戰鬥的樣子，上級和部屬都敬重她。不過，她也常常因為自己不服輸的個性，遇事不肯向別人低頭求助，而弄得自己身心俱疲。

而元君則完全不同。她的能力和倩倩不相上下，但她從不表現出自己很強的樣子，做什麼決定總是和主管、同事一起討論。有時，元君為了鼓勵工作進展不順的部屬，還會將自己以前的失敗經歷告訴他們，鼓勵他們不要洩氣。因此，當元君在工作上遇到困難時，總會有人在她身邊幫助她。

偶爾示弱，是堅強的表現

古語道：「天下之至柔，馳騁天下之志堅。」女人偶爾示弱，並不會被對方當成無能的表現，相反的，示弱才是最堅強的表現。特別是在妳希望得到別人幫助時，更應該試著低頭，主動向別人展示自己的弱點，這樣才能拉近妳與他人的距離。別讓人覺得妳太強勢，難以靠近。善於低頭才是眞正的聰明。

不過，無論哪種形式的示弱，都應做到適度適時。**過度示弱，給人的感覺是虛偽或真正的弱小，而真正的弱小並沒有價值。**

此外，**示弱最好以強大的實力做後盾**，才更顯豁達和從容。而且，示弱也要選擇恰當的機會，當妳在得意之時示弱，可以保護其他人的自尊心；在別人失意時示弱，讓人感覺「人皆如此，我又何恨」，從而得到安慰；當別人成功、贏得榮譽、獲得利益，妳表示祝賀的同時，承認自己「自愧不如」，也能保護別人的好勝心和榮譽感。

示弱就是低調的一種方式，同時又是克敵制勝的法寶。示強或示弱，可以衡量出一個人的文化素質和爲人處世的修養，理智還是糊塗，清醒還是自私，以及他是否具備解決問題的能力。

同時，示弱也是智慧的顯現。它不是妥協，而是一種理智的忍讓。不是倒下，而是爲了更堅定的站穩腳步。

當妳學會放低位置、降低姿態，讓弱者獲得充分的人格尊重，同樣的，別人也會尊重妳。**女性若能懂得向別人示弱，就能更加有效掌控和運用外部資源，調動他人的保護欲，甘於為妳奉獻**。適時示弱，才能成爲最大的贏家，一步步走向成功。

第四章

人脈像儲蓄，存越多越有利

1 禮尚往來很重要

身爲這個社會中的一分子，免不了要與其他人相互來往、溝通交流。不過，二十幾歲的年輕人，可能還無法體會人脈是人生中多麼巨大的財富。

許多成功人士在解決一個巨大的困難，或抓到一次絕好的機會之後，總會提到「感謝貴人相助」。身邊擁有許多貴人的人，也總會被稱讚人緣好、有福氣。

人脈就是一份巨大的財富。生活中，如果妳能牢牢把握住對妳有益的人際關係，就有機會獲得貴人相助，而成爲他人眼中有福氣的那個人。

其實，有人脈的人也不是無緣無故就能受到貴人的喜歡，而是他們身上有一些特殊的個性——珍惜人才、忠於朋友，並且不害怕跨出舒適圈、結交新朋友。

有時，妳可以在朋友中找出傑出的典範，但也可能會找到反面教材。而在無數次新的相遇後，大多數的人會隨著時間流逝而被淡忘，少數人會留在妳身邊。若妳能牢牢抓住他們，就能成爲有福氣的人。因此，人脈是妳爲自己編織的一張幸福網。

在生活中，該如何與人交往，許多技巧和經驗是有規律可循的。以下是一些妳能遵循的技巧：

一、懷抱積極心態

想與關係網絡中的每個人保持聯繫，妳得善用日程表。記下那些對自己特別重要的人，他們的重要日子，例如生日、紀念日等，在這些日子打電話或寄張卡片給他們，讓他們知道妳心中記得他們、記得這件重要的事。

有些人可能出於羞澀、自卑和矜持等各種心理原因，與他人交往總採取保守、被動的態度，這樣就會妨礙妳的人際往來。其實，妳應該保持自信、熱情，這樣一來，妳所遇到的大多數人都會願意與妳互動，而透過這些交流，妳會擁有更多支持者，對妳的事業發展更有益。

二、建立人際關係核心圈

選幾個妳認爲可靠的人，組成良好、穩固、有力的人際關係核心。這個核心的首選人物，可以是妳的摯友、家人，以及那些在妳職業生涯中有緊密聯繫的人。由他們構成妳的影響力核心，會讓妳安心，因爲這些人肯定願意讓妳發揮所長，而且妳們彼此都希望對方成功。在這裡，不存在勾心鬥角的威脅，他們不會在背後說妳壞話，打從心底爲妳著想。與他們相處愉快而融洽的同時，也能增強妳交友的自信心。

三、推銷自己

除了**盡心盡力做好工作之外，妳還必須學會表現，學會在別人面前巧妙的推銷自己，在適當時機嶄露頭角**，例如在公司的會議上發言，讓上級和其他同事注意到妳。

初次與人相識時，也是表現自己的絕佳機會。第一次見面時，對彼此都還不了解，妳就要在交談中明確、詳細的介紹自己，像是自己正在從事的工作、有什麼專長等。這不僅能讓人留下印象，也爲對方提供話題，說不定其中就有對方感興趣的，而妳也許會因此而獲得意想不到的收穫。

四、思考妳能為別人做什麼

記得遵守人際往來的原則，別想著：「別人可以爲我做什麼？」而要思考：「我可以爲別人做些什麼？」回答別人的問題時，不妨主動再接著問一句：「我可以爲你做些什麼嗎？」這樣一來，妳會更受歡迎。

五、在重要場合露面

多出席一些重要的社交場合，妳可能會遇到自己的老朋友，有機會與他們加深雙方關係，並留下彼此更深、更好的印象。除了老朋友，妳也會在這些場合結識許多新朋友。每段關係對妳來說都很重要。因此，不管是升職派對、朋友婚禮等，盡可能親自到場。

六、祝賀，一定要在第一時間

朋友升遷、結婚或其他喜事，記得趕在第一時間祝賀對方。尤其當妳親近的人升職、轉職或調到新的單位，一定要在第一時間祝賀。

要是無法親自拜訪，也一定要打電話、親口表達妳的祝福。當妳能在第一時間祝賀對方，給人的印象也將是第一。

七、樂於幫助他人

當妳的朋友遇到困難時，應及時伸出援手，給予他們心理安慰或提供實質幫助，這是表現妳支持他、將他當朋友的最好方式。

八、接受而不付出是大忌

建立和維護人際關係時，「禮尚往來」很重要。在人際往來中，妳不能總是當接受者。如果妳總是接受別人的好處而不付出，不管彼此過去關係多好，最終對方都會迴避、疏遠妳。

2 成功的人，都有堅強的友誼網

柏年在美國的律師事務所剛開業時，連一臺影印機都買不起。移民潮一波接一波湧進美國時，他接了許多移民的案子，常常在三更半夜被喚到移民局，甚至還在黑白兩道間周旋。他開著一輛掉了漆的本田（Honda）汽車在小鎮間奔波，兢兢業業的當律師，日子久了，他也逐漸有了些成就。

然而，天總有不測風雲。一念之差，他投資的股票幾乎虧盡了所有資產。更不幸的是遇上了移民法再度修改，移民人數減少，他的事務所頓時門庭冷清。柏年從沒想過，從輝煌到倒閉，幾乎是一夜之間。

就在柏年窮困潦倒時，他意外的收到一封信，署名為某間企業總裁。信中表示，願意將公司三〇％的股權轉讓給他，並聘他為該企業和其他兩間分公司的終身法人代表。柏年難以置信，天上竟會掉下這樣的餡餅。因此，他決定與那位總裁碰面。

總裁是位四十歲左右的波蘭裔中年人。見到柏年時，他的第一句話是：「你還記得我嗎？」柏年當場愣住了。那位總裁從辦公桌抽屜裡拿出一張皺巴巴的五美元，上頭夾著一張名片，印有柏年律師事務所的地址及電話。

柏年實在想不起來。

總裁笑答：「十年前，我在移民局排隊辦理就業授權文檔（employment authorization document，俗稱工卡）。輪到我時，移民局已經快關門了。當時，我不知道工卡的申請費用漲了五美元，但移民局不收個人支票，我身上又沒有多餘的現金。而如果我那天拿不到工卡，雇主就會另僱他人了。這時，是你從身後遞了五美元過來。我請你留下聯絡方式，好讓我把錢還給你，你就給了我這張名片。」

這位總裁後來順利進入這間公司工作，很快就發明了兩項專利，正是柏年給他的五美元，改變了他的人生。柏年從來沒有想過，在自己最貧困時，竟有人會主動幫助自己，多虧十年前的他結下這段緣分。

人際關係是人生中無形的財富。尤其在資訊社會中，若不與人交流、溝通，只會使自己越來越封閉。想立足於社會，良性的人際關係網必不可少。即使妳擁有過人才華，但若沒有人願意與妳打交道，也就不可能受人賞識、有機會受重用。因此，我們一定好好經營人脈。

生活中，除了家庭和同事之外，妳一定要接觸、認識其他人。隨著關係網廣度、密度與深度的拓展和強化，妳與這些朋友、夥伴，彼此之間會逐漸建立起珍貴、深厚和親密感情。請用心維護，這些都是妳眞正的財富。

打造關係網，帶來更多成功機會

每個人都希望，自己在今後的事業上能有所建樹。成功的果實甜美而誘人，但該如何收穫？妳不能只是憑空想像。掌握正確建立人際關係的方法、造就一張良好的關係網，會帶領妳通往成功的道路。

札維科擁有一家非常有名氣的房地產公司，是個非常成功的生意人。當他年紀大了，決定將公司交給兒子打理，自己則打算實現年輕時周遊世界的夢。臨行前的那一段時間裡，他簡單向兒子介紹公司概況，以及內部各個環節如何相互配合。隨後，他安排許多聚會，向兒子介紹自己生意上的朋友、夥伴。有時，他們一天內要參加多場聚會。

幾天後，札維科的兒子對他說：「爸爸，您就要離開公司了，為什麼不抓緊時間把您成功的祕訣傳授給我，而是帶著我每天參加聚會呢？」

札維科回答：「孩子，你不懂做生意的精髓。我現在就是在向你傳授我的成功祕訣。我這些朋友就是我成功的祕訣，他們是我最寶貴的財富。從年輕時，我就很重視培養人脈，努力打造屬於我的關係網，因為我相信良好的人際關係和成功密切相關。我的朋友裡有學者、生意場上的搭檔、政治人物、銀行家等，甚至還有很多不起眼的小人物，這些年來，是他們提供我許多幫助。」

札維科喝了口水，繼續說道：「當初，是公司的一位前輩鼓勵我自己創業，我的朋友借了我一大筆錢，而曾經待過林業局的人介紹了第一筆生意給我。當我的公司瀕臨破產時，是建築界的朋友救了我。總之，如果沒有他們，就沒有今天的我。現在，我把他們介紹給你，希望你能夠珍視這筆財富。當然，更重要的是，你也要像我一樣，努力打造一張適合你的關係網，這樣一來，你的事業才能成功。」

成功者大多是擁有龐大關係網的人。成功學中，有「友誼網」之說。妳認識一些人，他們認識其他人，而這些人又認識另外一些人……這一層層關係會一直擴大，編織成一張讓妳無往不利的關係網。

打造一張關係網，妳可以因此擁有許多機遇，它能為妳帶來更多成功的機會。

妳可能會覺得自己沒那麼多朋友，認識的人也不多，但實際上，**妳的關係網遠比妳所意識到的還要廣大**。妳實際擁有的關係網，除了每天都有聯繫的人之外，還包括現在與妳共事、曾經一起工作過的人，妳以前的同學和學長姐、學弟妹，妳的家族成員，妳朋友的父母親、兄弟姊妹，甚至是研討會或其他會議時遇到的人等，這些人都會是妳的關係網成員。

此外，在當今網路時代，妳的關係網成員還包括那些網路上認識的人，以及與他們有聯繫的人。只要妳能處理好與他們的友情，這張關係網就會越來越大，妳成功的機會也會越來越多。

3 妳永遠無法給人第二次「第一印象」

當妳和某個人初次見面時，對方的言談舉止、容貌、表情、穿著等，都會在妳腦海裡留下深刻印象。反過來看，妳此時此刻的表現，也將同樣影響妳們之間的交往。

在心理學中，第一印象是指人第一次遇到另一個人時，對他產生的心像（按：mental image，在大多數情況下非常類似於感受到某些物體、事件或場景的視知覺經驗，然而在感受這些經驗時，相關的物體、事件或場景並未實際呈現在感官上），這會影響人日後對待對方的態度。

這些內在或外在的條件看似獨立，但在實際的交往過程中，其實是一點一滴的會聚。或許僅僅一句話、一個表情、一個不經意的小動作，就會將妳大部分的潛在資訊暴露在對方眼中，而這些將決定對方對妳的第一印象，以及對方是否會繼續與妳往來、如何與妳往來等。

妳可能也經常會聽到有人這樣說：「我第一次見到他時，就喜歡他了！」、「我還記得我們第一次見面時的情形，我永遠忘不了他留給我的第一印象。」、「我不喜歡那個人，我對他的第一印象實在是太糟了！」

這說明了什麼？說明**大多數人都是以第一印象判斷、評價一個人。而我們，永遠無法給別人留下第二次的「第一印象」**。

某個人喜歡妳，可能是因爲妳留給對方的第一印象比較好；而某個人討厭妳，可能是妳留給他的第一印象不太好。

一生中，我們肯定會遇到許多重要的第一次，也就有很多重要的第一印象。例如：求職，是妳第一次面對面試官；跑業務，是妳第一次登門拜訪客戶；甚至是妳認識某個不錯的對象，第一次要與他見面約會。對妳而言，這些第一次都很關鍵。從小處來看，這關係到妳的求職是否能成功、業務能否談成；而從較長遠的角度來看，則會關係到妳的事業發展能否如願，甚至是婚姻、家庭能否幸福美滿。

由此可知第一印象的重要性。第一次與人見面時，請務必給對方留下美好的第一印象。事實上，絕大多數的人也都知道這一點。因此，我們會在見面之前整理頭髮、搭配服裝，甚至精心化妝，見面之後也會面帶微笑、保持禮貌，以期給對方留下良好的第一印象。

從社交心理學的角度來看，人與人初次見面時形成的印象往往最爲深刻，對將來雙方的往來也會有重大影響。

第一印象不夠好，該怎麼辦？

如果妳給對方好的第一印象，妳就更能在與對方往來的過程中，發揮妳的特長與實力，而在事業、生活上較容易有良好的開端；相反的，如果妳給人的第一印象不是很好，甚至是糟糕的，那麼妳的人際關係、生活與事業，可能就不那麼一帆風順了。

那麼，如果別人已經對妳有了不良的第一印象，妳該採取哪些方式克服劣勢呢？

一、別讓不好的第一印象影響妳

小凡身高不高，但英語程度很好，不只能做筆譯，反應夠快也能擔任口譯工作。但每次求職面試時，面試官都因為她一百四十五公分的身高而有所顧慮。小凡沒有因此而氣餒，她仍然自信、好強，接連創造出不錯的成績，發表了多篇論文和譯著，終於如願以償找到自己滿意的工作。本來對她印象不好的人，也就此對她刮目相看。

當妳感覺別人對自己第一印象不佳時，千萬別讓別人的評價影響了自己，因爲別人心中的印象，未必就是妳眞正的形象。

二、接納他人評價，重新塑造自己

有個女孩，別人介紹了幾位男性給她，卻沒有一個願意繼續與她往來。其中一位男性，對她的第一印象是長得還不錯，但濃妝豔抹的看了不太舒服；而另一位男性則認為她長得很漂亮，但說話太庸俗、沒內涵。這個女孩給人第一印象不佳的根源，在於她過於追求外在，而疏於追求內在涵養。

別人對妳的第一印象是一面鏡子，聰明的人會從中吸取對自身有益的建議，重新塑造新的自己。若妳能積極改善自己，就越能改變他人對妳的印象。

三、實際行動，消除別人的片面看法

澹臺滅明，字子羽，是孔子的弟子之一。他第一次拜見孔子時，孔子見他相貌醜陋，一度認爲這個人沒什麼才氣，所以對他態度很冷淡，不願盡心教他。子羽很失望，但他後來刻苦自勵，努力修身實踐，終有所成，前來向他學習的弟子約有三百人。孔子聽說這件事，不禁發出「以貌取人，失之子羽」的感慨。

四、創造道別時的最後印象

爲扭轉第一印象不夠好的局面，妳可以在與對方道別時盡量挽回。有些人雖然第一眼的印象不錯，卻忽略了善始善終，反而功虧一簣。因此，也可以說「最後印象和第一印象同樣重要」。

當別人對妳產生不良的第一印象時，妳雖無法阻止，但擁有進一步表現、施展自己才能的機會。不過，如果妳仍無所作爲，別人對妳的第一印象就容易形成心理定勢（mental set）。若妳不斷以積極行動，向對方表示妳並不是他第一印象中那樣的人，就有可能「校正」自己的形象，使之更趨近眞正的妳。

4 財富不是朋友，但朋友一定是財富

「財富不是朋友，但朋友一定是財富。」

有句話這麼說：「多個朋友多條路，少個朋友多堵牆。」生存在這個社會中，我們不可能只憑藉自己的力量就能闖蕩世界，即使是那些白手起家的人，過去也都是受到許多人的支持，才能取得今日的成績。

據說，法國有一本名叫《政治家必備》的書，書中告訴那些想在仕途上有所成就的人，必須蒐集一些將來最有可能當上總理之人的資料，並把它背得滾瓜爛熟，接著按時拜訪這些人，和他們保持關係。這樣一來，當這些人之中的任何一個人眞的當上總理，自然就不會忘記妳，或許還會給妳一個很好的職位。

從表面上看來，這種手法似乎稱不上高明，可是非常合乎現實。

某位政治家的回憶錄中提到：一位被委任組閣的人，心裡很煩惱。因爲一個政府的內閣，起碼有七、八名閣員（部長），該怎麼物色這麼多的人？這確實困難，因爲被選中的人除了要有合適的專才、經驗之外，最重要的就是「和自己有些交情」。

與人有交情，才容易得到賞識，否則就算妳有登天本事，也沒有人知道。有些人雖然能力平庸，然而遇上對的時機、對的人，也能飛黃騰達。

人情就像銀行存款，存越久利息越多

對一個失意人說的暖心話、輕輕扶一把即將倒下的人，這些事或許對妳來說都沒有什麼損失，但對一個需要幫助的人來說，很可能就是動力與寬慰。

每個人都需要別人的幫助，也必須幫助別人。妳送人一份人情，他便欠了妳一份人情，將來勢必要回報。**送人情就像在銀行裡存款一樣，存得越久、存得越多，利息越豐厚**。

總結而言，人是有情之靈物，每個人都逃脫不了「情」這個字。在人與人的交往中，多儲蓄一些人情是值得的。妳現在釣不到大魚，就應該對身邊的小魚「全面撒網，重點培養」，爲自己建立日後發展的人緣基礎。假如妳總是抱著「釣到的魚就不用餵食」的態度，很可能大魚釣不到，就連小魚苗也會被妳餓死。

關於送人情、培養友誼，妳應提醒自己做到以下這些事：

一、別人需要時，就幫助他

施恩不圖報，別因爲想受人感恩才出手幫忙。當妳眞心幫助別人，需要時這些人也會願意幫助妳。

一九四六年的經典名片《風雲人物》（*It's a Wonderful Life*），便是這樣的故事。男主角喬治．貝禮（George Bailey）事業失敗而打算尋短，因爲他死後的人壽保險賠償，可以解救家人的困境。正當他猶豫時，過去他在鎭上幫助過的上百個人突然出現——喬治的太太打電話給他們的親友、當地鄉親，表示：「喬治需要幫忙。」而他們紛紛慷慨解囊，最終拯救了喬治一家。

二、表現大方、積極的態度

面對艱難的困境時，妳或許會發現，在妳順利時所遇到的人，可能和失意時遇到的是同樣的人。那些在妳得意時受過幫助的人，也會在妳需要他們的時候挺身而出。

相反的，如果妳總是以消極、使人憤怒的態度面對別人，總是拒人於千里之外，就不能奢望在需要幫助時，別人會願意伸出援手，或為妳引薦那些能幫助妳改善狀況的人。妳的態度和妳的工作能力，都決定了他人將來會如何對待妳。

三、確實表達感謝

對那些幫助了妳，或是想要幫忙妳的人，請立刻表達感謝。此外，妳更要與他們保持聯絡，讓他們知道妳後來的進步，是由於他們的幫助。知道自己確實幫助了人，是件能令人感到喜悅、滿足的事，而妳要以這種滿足感，回報那些幫助妳的人。

四、別以憤怒結束關係

以尖酸刻薄的話語結束關係，不僅製造雙方緊張的氣氛，還沒有任何好處。況且，誰知道以後妳還會不會有機會與這個人打交道呢？在商場上尤其如此。炒妳魷魚的那個人，或許也是迫不得已，但如果妳把憤怒發洩在這個人身上，只是徒增妳們對彼此的憎惡。遇事該不該發脾氣，必須好好衡量。

五、尋找互惠的門路

妳或許有些平常疏於聯繫，但妳對他們有所求的人。打通電話邀請他們共進午餐，先了解他們的生活近況。若有妳能幫上忙的地方，別吝於提供協助，以報答他們在妳身上花費的時間。同時，妳也必須準備一些特別的想法，介紹妳認識、對對方可能有幫助的人，或是提出能讓他們變得更好的建議。**試著找出彼此可以互惠的門路，而不是唐突的向別人提出要求**。

與人交往時，多放點人情債。也許妳只是幫別人一個很小的忙，或是多付出一些體貼，對妳來說只是舉手之勞。不過，體貼和關懷總是「潤物細無聲」，別人會因此記住妳，而對妳產生好感和感激，將來當妳需要時，他們就會湧泉以報。

5 雪中送炭，看見別人的痛苦

《孟子》：「天時不如地利，地利不如人和。」人可以一無所有，但一定要有良好的人際關係。人脈是一個人無形的資產，是我們手中握有的最寶貴財富。妳可以沒錢，但不能沒朋友，只有朋友會在妳困難之際伸出援手，在妳傷心難過時聽妳傾訴、幫妳解決問題，直到妳能勇敢走出困境。

所謂「患難見眞情」，在現實中確實如此。

第一次世界大戰結束後，德意志皇帝兼普魯士國王威廉二世（Wilhelm II）遭遇了眾叛親離的狀況，有許多人對他懷恨在心，無奈之下他只好流亡荷蘭。在這時，有個小男孩寫了一封信給他，真誠表達他對皇帝的敬仰，內容雖簡短，卻隱藏不住真情。小男孩在信中說，無論別人怎麼想，他將永遠尊敬他為皇帝。威廉二世深深為這封信所感動，於是邀請他來做客。小男孩接受了邀請，由他母親帶著一同前往。最後，他的母親嫁給了威廉二世（按：即羅伊斯—格賴茨的赫爾敏〔Hermine, Prinzessin Reuß zu Greiz〕，威廉二世的第二任妻子）。

很多人在知道他人的困境後，才遺憾的說：「我不知道他那時候那麼痛苦。即使知道了，我也幫不上忙啊！」這種人與其說他不知道朋友的痛苦，倒不如說他根本就不想知道別人的痛苦。

人通常能夠敏感覺察自己的苦楚，但對於別人的痛苦往往漠不關心。他們不能了解別人的需要，更不想了解，甚至有些人是知道也假裝不知道。

我們不能要求每個人都達到「人饑己饑，人溺己溺」的境界，但至少要學會隨時體察別人的需要。當朋友遭到挫折而沮喪時，妳可以鼓勵他；當朋友愁眉苦臉、鬱鬱寡歡時，妳可以親切的詢問，或陪伴在他們身邊；而當朋友生病時，盡可能找時間探望對方，談談他關心的、感興趣的話題，轉移生病的注意力。「患難之交才是真朋友」，適時的安慰就像陽光，能溫暖受傷者的心田，給他們帶來美好的希望。

今日結下小善緣，明日的救命稻草

晉代有個人名叫荀巨伯，某次他聽說一個朋友生病了，便前去探視。偏偏在這時，敵軍攻破了朋友居住的城池，百姓紛紛帶著家眷四散逃難。這位朋友對荀巨伯說：「我病得很重，走不動了，活不過幾天，你趕快去逃命吧！」

可是荀巨伯不肯走，他說：「你把我當成什麼人了！我遠道趕來，就是為了看你。敵軍進城了，我怎麼可以扔下你不管呢？」

朋友百般苦求，叫他趕緊逃命，荀巨伯卻安慰他：「你就安心養病吧，其他事你都不用管！」

這時，門突然被踢開了，幾個凶神惡煞的敵軍衝進來，對著他喝道：「你是什麼人？如此大膽，全城的人都跑光了，你為什麼還不走？」

荀巨伯指著躺在床上的朋友說：「我的朋友生了重病，我不能丟下他、自己逃命。我願意用我的性命，換取朋友的生命。」

敵軍聽了很感動，說：「我們這些無義的人，卻要攻入這個講究道義的地方！」於是便調動軍隊離開了，全城得以保留。

患難時體現出的正義竟能發揮如此巨大的威力，令人不得不驚嘆。

每個人的人生，都不可能一帆風順、毫無阻礙，總會碰上失利、受挫或困境。這時，他人的幫助就好比是雪中送炭，妳肯定會一輩子記得。

患難之交能夠幫妳建立良好的人脈，但若想要儲存「朋友」這個人脈資源，就必須傳遞溫暖。大多數人與朋友之間的往來，都是爲了讓彼此感情更加親近、融洽，這就需要一點一滴的積累。平時多與朋友聯繫，在他們平安時一、兩句簡單問候，而在他們遇到困難時出手幫忙，如此建立的人脈關係，會爲妳打造出好的口碑，未來當妳需要建立更廣泛的人脈網時，也派得上用場。

對遇見的每個人都以眞情相待，做好妳手上的每一件事，並對每個機會都充滿感激。今天從妳身邊擦肩而過的人，說不定就是將來能伸出援手、幫助妳的人。**今日結下的小善緣，將會是明日的救命稻草。**

6 別輕忽小人物

積累人脈，眼光要放長遠。晚清紅頂商人（按：指稱同時具有官、商兩種身分的人物，以及沒有官職，但與高層官員關係良好、能影響政策的商人。其名稱與胡雪巖有關：他擔任布政使，其頂戴飾有紅色涅玻璃，俗稱「紅頂子」，後來居高官之位的商人都稱紅頂商人）胡雪巖高超的交際手腕和過人之處，便是「事情看得透，眼光夠遠，不輕忽小人物」。

當時的浙江巡撫王有齡，對胡雪巖的發跡有著絕對影響力。胡雪巖結識王有齡時，他貧窮落魄，雖然有才華、有雄心壯志，卻連北上求官的旅費都湊不出來。

胡雪巖慧眼識英雄，認定王有齡日後必會出人頭地，在官場上青雲得志。於是，胡雪巖毅然冒著被老闆解僱的風險，挪用錢莊公款五百兩銀子，資助素昧平生、貧窮失意的王有齡北上求官。為此，胡雪巖被老闆辭退，丟了工作。許多人都罵胡雪巖太笨，但他相信自己的政治眼光絕對沒錯。而且他深信，只要王有齡得志，絕對不會忘了自己。

後來，王有齡果然出任官職，一路官運亨通，升上浙江巡撫。王有齡是一介文人，不懂經商之道，想搞好經濟必定需要他人幫助。而王有齡知恩圖報，便鼎力相助他的大恩人胡雪巖所經營的「阜康錢莊」。

胡雪巖有了王有齡的庇護，在商場上從此如魚得水。如果胡雪巖沒有提前與王有齡建立關係，而是當王有齡成為浙江巡撫後再與他往來，還能成為他的莫逆之交嗎？

患難時遠離，可能從此成為路人

某間工廠的女職員小劉，聰明而厚道。她在廠裡工作多年，和主管、同事相處都很融洽。廠裡有位副廠長，年輕有為、業務能力很強，卻受到新來的廠長排擠而被調走。小劉很替他感到不平。

這年春節，小劉買禮物拜訪副廠長。副廠長既意外又欣喜，連忙請她進屋。小劉替他打抱不平，並安慰他：相信他的前途比新廠長還要光明、遠大。

聽了這些話，副廠長慨嘆：「在廠裡得勢時，好多人圍著我打轉。可是，他們一發現新廠長排擠我時，馬上就拋棄我，至今那些人也沒來找過我。妳平時雖沒有對我表現出多熱絡的樣子，卻只有妳來找我。真是烈火見真金啊！」

幾年後，這位副廠長進入行政機關擔任要職，原來所在的這間工廠則歸他管理。他對小劉十分關照，甚至親自向工廠提議，由她出任副廠長。

人的一生不可能一帆風順，挫折、背運在所難免。**一個人落難，正是對他周圍的人——特別是朋友——的考驗。在這時遠離的人，可能從此成為路人，而同情、幫助他渡過難關的人，他將銘記一輩子。**困難時期產生的友誼最有價值、最令人珍視。

有些人平時冷冷待人，出狀況才想到要找人求救，這時他可能會送許多大禮，甚至送錢，表現得過分熱情，但這種「平時不燒香，臨時抱佛腳」的效果往往不理想。平時好好經營關係，或順手幫人一把，這樣的友誼在妳需要時才真的能幫上忙。

7 結交有影響力的朋友

在現代社會，「借力」這種技巧已被廣泛應用在許多領域，而且應用範圍日趨擴大。運用在人際往來中，則是一種提高自身形象、擴大自身影響力的戰略技巧。

找伯樂有個重要的原則：「寧撞金鐘一下，不敲破鼓三千。」也就是說，找到伯樂，就等同找到走向成功的捷徑。即使家庭背景差不多、讀同一間學校，甚至性格也相似，只因爲結交不同社會地位、品德修養的朋友，結果也會完全不同。

鄧明今年剛從一間名校畢業。當他的同學還在為工作、前途煩惱，忙得焦頭爛額時，他卻非常冷靜，因為他很清楚自己要做什麼。他寫了幾封自薦信給一間大型企業的老闆，並剖析該企業將要進軍國外市場的發展利弊，表明自己具備足夠的能力與信心。老闆讀了自薦信後非常滿意，便邀請他進入公司，將他收歸旗下。聰明的鄧明成功找到賞識自己的伯樂。

聰明的年輕人，一定要結交那些具影響力的人物。當妳將他變成自己圈子裡的人，在他的影響和幫助之下，妳自己也會自發產生向上的動力。

打進菁英人士的圈子

一九二九年十一月十二日，美國演員葛麗絲．凱莉（Grace Kelly）出生於美國費城（Philadelphia）一個富有的家庭，她的童年在富足和平靜中度過。在這個重視子女成長的家庭中，母親非常疼愛這個體質嬌弱的女兒。當女兒高中畢業、表示將來要從事演藝事業時，母親支持她的決定，並覺得這能安撫她多愁善感的性格。

葛麗絲先從模特兒做起，接著在紐約百老匯（按：Broadway，指包括在曼哈頓劇院區域及林肯表演藝術中心〔Lincoln Center for the Performing Arts〕一帶的劇院，其中有四十一間擁有超過五百個座位的大型專業劇院）演出舞臺劇。參演了一系列電視節目後，她開始了電影表演生涯。

一九五一年，在一部名為《十四小時》（*14 Hours*）的電影中，她取得了第一個銀幕角色。雖然只是個微不足道的小角色，但一切已揭開序幕。隔年，她取得與當時當紅演員賈利．古柏（Gary Cooper）合作的機會，他們主演的電影是這一年最轟動的電影《日正當中》（*High Noon*），葛麗絲的表現受人矚目，奠定她的巨星地位。

這時，她認識了英國名導演希區考克（Sir Alfred Hitchcock），並得到他的青睞，在一九五四年的電影《後窗》（*Rear Window*）中，扮演詹姆斯．史都華（James Stewart）所飾演的男主角的名模女友。同年，她第二次與希區考克合作，拍攝《電話謀殺案》（*Dial M for Murder*）。

一九五四年這一年，葛麗絲拍了多部經典電影，除了上述兩部之外，還有《鄉下姑娘》（*The Country Girl*）、《獨孤里橋之役》（*The Bridges at Toko-Ri*）等作品。

在《鄉下姑娘》中，葛麗絲的演出令人嘆服，她犧牲美貌、扮演酒鬼的妻子，獲得了這一年的奧斯卡最佳女主角獎。她迅速成為最賣座的明星，次年與英國演員卡萊・葛倫（Cary Grant）合演希區考克導演的《捉賊記》（*To Catch a Thief*），以及與美國演員、歌手法蘭克・辛納屈（Frank Sinatra）一同演出《上流社會》（*High Society*）。

葛麗絲博得許多人可望而不可即的成功，她高雅迷人、富有才華、令人傾倒，其個人魅力也隨著與名流交往和成功事業而不斷提高。與她合作的大明星無不為她著迷。她的生活圈隨之擴大，並成了其中的「皇后」。

由於社交圈的擴大，她在坎城影展（Festival de Cannes）遇到當時的摩納哥王子蘭尼埃三世（Rainier III），兩人很快陷入熱戀。一九五六年四月十九日舉辦婚禮，葛麗絲成為了摩納哥王妃。

結納菁英人物，會讓自己的事業如虎添翼。因此，**如果妳想成就大事業，就要想辦法接近相關圈子內的菁英人士，與他們交往，建立相互信賴的良好關係，並不斷向他們學習，最後趕上他們、超越他們**。

當然，在最初與具影響力的社會菁英往來時，妳可能會先遭遇到冷眼冷語，在這時還只是個「小人物」的妳，要先做好這種心理準備，正因爲菁英人物不易結交，所以一旦妳認識了某個頗具影響力的大人物，將會是妳一生之福。

但是，我們該如何讓這些菁英人物喜歡自己呢？

首先，掌握關係是關鍵。地位顯赫的人物不是神，他們有各種社會關係、各種各樣的業務往來，每個人也有各自的喜好與性格特徵。妳可以多看新聞媒體、社群網站，以此關注這些地位顯赫的人物。

其次，妳也可以透過他的親屬、朋友、子女等人，從側面認識他；興趣、愛好也是了解一個人的好方法。例如：他喜歡什麼運動、常配戴什麼飾品，喜歡或經常參加什麼聚會，平時有什麼休閒娛樂、常到什麼地方等。

8 好風憑藉力，送我上青雲

香港首富李嘉誠曾說：「良好的品德是成大事的根基，而成大事的機遇是靠遇到貴人。」我們往往相信「要拚才會贏」，但有許多人即使拚了命也不見得會贏，其中的關鍵之一就在於缺少貴人相助。有了貴人，不僅能替妳加分，還能加速妳的成功。

在如今這個經濟發展迅速的社會裡，一個人如果單打獨鬥，很難做出一番大事業，但若有貴人相助，成功就會變得簡單許多。倘若妳能把握身邊的貴人，到了關鍵時刻，他們便能向妳提供一般朋友無法提供的資訊和機會，妳就能比別人掌握先機。所以，**找到貴人，並博得他們的信任和賞識，是成功的重要步驟**。

貴人可能是指某些居於高位的人，也可能是妳欣賞、想模仿他如何待人處事的人，在經驗、專長、知識、技能等方面，貴人可能都比妳略勝一籌。因此，他們也許是師傅、教練，或是能替妳引薦重要機會的人。出外有貴人，妳在成功事業的道路上，就能走得更順暢。

能力再好，也不可能一個人做所有事

佳穎出身寒微，十六歲就不得不輟學自謀生路。但她有很強的野心，立志將來要創辦一間自己的服裝公司，她一邊工作、一邊不露聲色的執行著心中的計畫。十八歲那年，佳穎進入一間著名的服裝公司當業務，她在這裡學到很多東西，為開拓自己的事業做好了準備。

幾年後，佳穎與朋友合夥開辦一間小型服裝公司。在她的悉心經營下，這家小公司的生意相當不錯，但她並不因此滿足。佳穎認為，老是和別人做一樣的衣服是沒有出路的，她想設計出別人沒有的新產品，這樣才能在服裝業中脫穎而出。因此，她需要一位優秀的設計師。

但是，這樣特別的設計師要到哪裡找呢？

某天她外出辦事時，發現一位少婦身上的藍色時裝十分新穎別緻，竟不知不覺的緊跟在她後面。少婦原以為她是心懷不軌的小偷，佳穎連忙解釋，少婦因而轉怒為笑，並告訴佳穎這套衣服是她丈夫振遠所設計。振遠精於設計，過去曾在三間服裝公司工作過，最近剛離職，原因是他提出一個設計方案，不懂設計的老闆卻不講理的訓了他一頓。

當佳穎登門拜訪時，振遠卻閉門不見，令她感覺十分難堪。但佳穎知道，有才華的人必須靠誠心感動。所以她並不氣餒，而是繼續拜訪，這令振遠為之動容，最後接受了佳穎的聘請。

後來，振遠不僅設計出很多頗受歡迎的款式，且首先採用人造絲來做衣料，由於其造價低，又搶在行業眾人之先，這間小公司盡占風光。佳穎公司的業務蒸蒸日上，不到十年就成為服裝行業中的一枝獨秀。

故事中的佳穎，正是理解到振遠會成爲自己事業上的貴人，所以她把握時機、也把握了這個會改變她命運的人，而讓自己事業的路途一帆風順。

其實，**人的能力往往局限於某一個或某幾個有限的領域**。這種局限性，雖然只要夠努力，就能在一定程度上有所突破，但終究是不可能徹底突破。

一個人即使再有能力，也不可能做好所有的事情，所以必須借助別人的能力。尤其是分工越來越細密、工作卻越來越複雜的現代社會，利用別人的能力更是一種必要的工作方式。**成功人士懂得利用別人的能力、優勢，為自己鋪就走向成功的捷徑**。

為什麼有些人能像衝天的火箭一樣，從人群中脫穎而出，但大多數的人只能陷在小圈子裡，難以突出重圍呢？其實，關鍵就在於兩個字：貴人。

《紅樓夢》中，薛寶釵曾做〈臨江仙．柳絮〉詞曰：「好風憑藉力，送我上青雲。」（按：憑藉著好風的力量，便可把我送上青雲之上。該詞不僅是描寫柳絮，也是薛寶釵表達其掙脫命運束縛的決心）請找到妳的貴人，試試乘著風的感覺吧！

第五章

識別陷阱，保護自己

1 天上不會掉餡餅

俗話說：「一分耕耘，一分收穫。」只有當妳先付出，才可能收穫同樣多的東西。可是，有很多人喜歡投機取巧，以爲自己可以不用付出任何勞動，就能等到天上掉的餡餅。

天下本就沒有免費的午餐，即便有，到口的也未必都是肥肉。其實，人們也明白天上不會掉下餡餅。然而，當「餡餅」眞的掉在妳面前時，不少人還是落入了陷阱。

騙子固然可恨，但他們騙人的伎倆，卻不見得有多麼高明，往往只要稍加分析就能發現漏洞。**大多數騙子都是利用人們貪圖小利和不勞而獲的渴望，面對巨大誘惑時，人們難免對這些誘惑心存幻想，認為壞事不會發生在自己身上**。於是抱著試試看的態度，走進別人精心布置的圈套，社會上因此不斷上演著各種上當受騙的故事。

老太太收到一封裝有獎券的信，她把獎券刮開，中了頭獎人民幣五百萬元。彩券下方有兌獎電話，老太太心想：只是打個電話，又沒什麼損失，便撥了上頭的電話。

電話另一頭是個年輕女性，聽說老太太中獎，她比老太太還高興。接著，她便告訴老太太需要事先支付稅金——中獎金額五百萬元的二％，也就是十萬元。老太太心想：比起中獎的五百萬元，區區十萬不算什麼，於是她就到銀行匯出了十萬元。

不久後，對方打電話來，希望老太太能捐點錢給希望小學；沒過多久，對方又打來說他們搞錯了，正確的中獎金額是五百萬「美元」，因此要老太太再補交一筆稅。最後，老太太那五百萬美元沒拿到手，反而匯給對方總計人民幣六十八萬元。這時老太太才醒悟，打電話報了案。

這種騙局多年來已不知發生過多少次，但還是有人上當受騙。如果我們都不貪小便宜，再高明的騙術，也不會有任何人上當。天上掉餡餅，不是圈套就是陷阱！

單純的人在社會上打滾，應該認識陷阱，並避免一腳踏入。其實很簡單：**行事光**

明正大、腳踏實地，不痴心妄想，就可以避免。

問自己：為什麼我能得到好處？要付出什麼代價？

要識別陷阱不容易，但了解其本質並不難。陷阱形形色色，無法予以分類，但**製造陷阱只有一個最高明的原則：利用人性的弱點**。可能是巧施手段，讓妳見到有誘惑力的實物或資訊，使妳對他所言信以爲眞；或暫時先給妳一點好處，讓妳覺得後面還有大利可圖，而亦步亦趨走入對方的圈套。

某個星期日，曉琳拉著老公逛商場，看中一雙原價一千兩百元的鞋，服務人員對她說：「現在有特惠活動，這雙鞋打折後是九百六十元，還會送您三百元購物券。」曉琳覺得很划算，便買下那雙鞋，拿發票兌換三百元購物券。

曉琳仔細查看購物券，發現上頭寫著的使用期限，只到該年六月三十日，很快就要過期，不如趁今天趕快用掉吧！

兩人逛遍商場後，曉琳發現一件不錯的男性羊毛衫，老公試穿也很合身。打折後兩千兩百四十元，還可以兌換六百元購物券。就這樣，曉琳把那三百元購物券用完，但手上又多了六百元購物券。為了花掉這即將到期的六百元購物券，曉琳又把商場逛了一遍……。

事後，她算了算帳單。原本只要花一千兩百元買雙鞋，結果在購物券的連環效應下，花了超過四千元。

這樣的故事，其實我們周遭也時常發生。許多商場了解消費者喜歡折扣、免費的心理，大肆宣傳、打折自家商品，一不小心就會掉進去。

如果妳想要防止自己上當、受騙，就**不要輕信天上掉的餡餅會恰好落在自己頭上**。遇到好事或好人千萬當心，要經得起誘惑、保持頭腦清醒，問問自己：為什麼我能得到這麼大的好處？我有那麼幸運嗎？得到後我要付出什麼代價？

天下沒有白吃的午餐，貪便宜的下場，或許妳失去的會比得到的更多。

2 避免被過河拆橋

成語「卸磨殺驢」，和過河拆橋意思差不多，其字面意思是將推完磨（按：用以碾碎穀物的器具）的驢子卸下來殺掉，比喻將曾爲自己辛苦付出的人一腳踢開。有些人，在剛開始認識別人時十分熱情，但在利用完對方後，立刻轉頭不顧。有求之時，熱臉相迎；用完之後，冷眼相看。或許妳也曾見過這樣的人。

俗話說：「虎心隔毛翼，人心隔肚皮。」**在人生的競技場上，一定要具備保護自己、積蓄力量的策略，懂得「藏拙」很重要。**

清代大臣佟佳・隆科多是滿洲鑲黃旗人，自康熙五十年以來，擔任步軍統領長達十餘年。當時步軍統領權力極大，負責北京內外城治安、民政、刑罰等事務。他在康熙皇帝去世之際，由於擁立雍正即位而立大功，因此獲得雍正的賞識。康熙去世第二天，他就被委以總理事務大臣的重任。

這時，隆科多的確是位極人臣、恩榮過望了，而雍正為了自己的目的，此時對隆科多也極盡誇獎之能事。雍正初年，他在給川陝總督年羹堯的朱批中說：「舅舅（按：其姊為康熙生母，故雍正稱其為舅舅）隆科多此人，朕與爾先前不但不深知他，真正大錯了。此人真聖祖皇考忠臣，朕之功臣，國家良臣，真正當代第一超群拔類之稀有大臣也。」

佟家當時以兩代皇親，多人身居軍政要職，勢力太過強大，而有「佟半朝」之稱。因此，當雍正權力穩定後，便暗中一步步解除其步軍統領，慢慢將軍權收歸。為了避免隆科多對皇權構成威脅，藉由其他罪名剷除了他。

面對小人，維持不輕不重的關係

小人最陰險的地方，就在於利用了我們的善良和同情心。爲了達到目的，他們會把過錯和責任攬到自己身上，爲自己的下一步行動贏得主動權，而妳往往會因爲善良和同情心而被他們迷惑，進而被他們算計。

很多人做主管時間久了，覺得自己在一個部門裡有崇高的威望、至高無上的地位、絕對的權威，於是權力欲便開始膨脹，認爲只有自己說的話才算數，其他人都沒有用，就算是總經理也得聽他的，因爲總經理不會比他更了解狀況。

如果妳想這樣做的話，上級肯定會對妳更不滿。隆科多就是這樣：在雍正還沒上位前受到重用，但等他上位後，就覺得隆科多手中的權力過大，威脅到他；而且，這時的隆科多也已經沒有什麼利用價值，因此被雍正除掉了。

我們都可能會遇到這種情況。例如在工作中，有些人因爲能力強，被老闆指派處理一些重要任務，可是當任務完成、危機已過，老闆便將他棄之一旁。若妳面對這樣的老闆，可以大大方方的「隱退」。

許多人爲了爭奪利益，計謀百出的利用妳，當妳成了再無利用價值的攔路石，便隨意遺棄。得人賞識當然是件不錯的事，但若因此被人利用，妳也要記得適時而退。

在生活和職場中，若妳遇到這種卸磨殺驢的人，一定要盡可能遠離，最好不要與他們打交道。若眞的擺脫不了，請記住：既不遠離，也不疏遠，維持不輕不重的關係，這些人就不會隨意來招惹妳。

3 與同事交心，是把雙面刃

與同事相處時間久了，難免會談論一些涉及彼此的家庭、生活、情感的話題，當然，最有可能談到的是各自對工作、公司、其他同事，甚至是對老闆的看法。

與同事交談時，一定要注意談話的內容，**當談到關乎妳工作利益的問題時，最好不要輕易告訴同事妳真實的想法**。尤其在公司中，妳與職位同等的同事競爭最大，所以交流時，最好只限於交談的程度，而不要隨便和他們交心。

某圖書公司招聘了兩名銷售經理，劉姐和麗麗。由於兩人同時入職，關係很密切，工作之外還經常一起逛街、聊天，有時還會帶家人到對方家中做客。

劉姐年紀比麗麗大一些，但麗麗比劉姐有學識、經驗。因此，劉姐覺得自己處處不如麗麗，怕公司辭退她。另一方面，麗麗也有自己的難處：她的家庭條件並不好，一家老小都靠她這份薪水，這件事麗麗經常向劉姐傾訴，兩個人越來越無話不談。

不巧，公司發生經營危機，決定經理階層減薪，還準備裁員。劉姐和麗麗知道這個消息後，私底下就討論起來。麗麗說：「怎麼會是經理減薪呢？要減也應該減基層員工呀。我還有一家老小要養呢！這讓我有跳槽的念頭了。」劉姐附和：「是啊，這樣真是不好。」

幾天後，公司決定裁員，名單上赫然顯示著麗麗的名字，她傷心的離開了公司。幾年後，麗麗碰到原公司的同事，同事才告訴她，她被裁員正是因為她和劉姐說了那番話。那時候人人都顧著自保，而麗麗正好讓劉姐抓到了把柄。

當妳向同事敞開心扉時，可能難免會說出工作中的不順心，像是對公司、同事的負面看法。而若妳的抱怨可以成為對方前進的墊腳石時，他就會犧牲妳，以保全自己的利益。

因此，不要輕易把心掏給別人，尤其是那些與妳有競爭關係的同事。若想避免事後發現自己被人利用，請先告誡自己：**和同事交流時，應該理性而有所保留**。

真實想法，別輕易向同事透露

但是，這並不是說同事與妳交流時，面對所有話題都避而不答，而是妳要選擇性的交流，不要輕易談到心底話。談論與工作無關的事情時，說一點交心的話無所謂，這通常不會影響到妳的事業，可能會增加妳們之間的友誼。

不過，談論工作上的事時，妳就得清楚區分，知道自己能說什麼、不該說什麼，哪些事可以讓對方知道，又有哪些不能。例如，若妳進入這間公司，是因為與上級或老闆有私交，當妳讓同事知道這個事實，他會怎樣看待妳？他肯定不會羨慕妳，只會因此輕視妳的能力。

此外，**與同事的交流中，妳要有敏銳的洞察力，懂得察言觀色，分析同事的問題是單純問問，還是另有目的。**

此外，妳與同事談話時，不要過度談論其他同事或上級的是非，這最有可能讓同事抓住妳的把柄。只要老闆知道妳暗地裡批評他、批評其他同事，妳就會被定位為「人品有問題」，這時候妳能力再強，對老闆來說都不重要。

總體而言，**與同事交心是一把雙面刃**，若妳能掌握方法，它會成為妳和同事和睦相處的重要因素，會讓妳多一位好朋友，一起分擔生活和工作中的困惑，使工作更加順心。但如果妳掌握不好交心的方法，把與自己切身利益相關、與公司利益相悖的想法說給同事聽，就可能會因此毀掉自己的前程。

所以，聰明的女人要記得：**關於公司、工作，妳的真實心聲別輕易對同事吐露！**

4 不得不防的四種小人

現代社會激烈的競爭，帶來各種衝突和麻煩。或許妳沒有察覺，但在妳看不見的地方，有許多人心眼極小，爲獲取一點點利益，而不惜犧牲他人。這種人具有僞裝的本能，因此不可能光明正大報復別人。

想在職場生存，防人是妳必須學會的本領。小人不得不防，以減少不必要的麻煩。以下是四種妳需要多當心的職場小人：

一、八卦小人

謠言的製造者及傳播者。這種人往往不顧事實、眞相，只會捕風捉影，別人的小事經過他們的傳播，馬上就滿城風雨。他們最擅長的，就是把沒有發生的事說得繪聲繪影，彷彿他們親眼所見。

例如，當公司內有女同事升官，他們就會立刻編造出她巴結上司、靠裙帶關係等謠言，甚至可能一臉神祕的告訴別人，是因爲她與男上級有染，才能得到升官機會。

這種人總唯恐天下不亂，經常興風作浪，以謠言散布一顆顆地雷。這種小人，是職場中最忌諱往來的對象。

二、不負責任的人

這種人沒有責任觀念和意識，**最會做的事就是偷懶**，往往該做的事拖到最後都沒做。而一旦出現問題，遭到上級責罰，他們的**第一個反應往往是把責任推卸給別人**。**他們最常掛在嘴邊的話，就是「這不是我的錯！」**不但喜歡否認自己的過錯，還經常責罵其他人，找藉口來掩飾自己。

三、雙面小人

在妳前面說一套，跟別人說另一套，就如雙頭蛇。若是遇到這種人，不要和他太親近，也不要被他的表象迷惑。不論他在妳面前說得多麼動聽，難保他不會一轉頭，就在別人面前出賣妳。

此外，這種人還喜歡和人套交情。在妳面前裝出受委屈的樣子，博得妳的同情，藉此聽取妳對某個人的看法。如果妳批評了那個人，他們就把這件事拿來四處宣揚。甚至，還可能把別人的批評也栽贓在妳頭上。我們很難知道這種小人心裡到底在想什麼，因此，盡可能遠離他們比較好。

四、貪小便宜的人

這類型的人目光短淺，往往只顧眼前利益，在社會中、職場上都很常見。愛貪小便宜的人，自己往往沒什麼發展前途，更嚴重的是他們會因爲貪小便宜，而出賣團隊或一起工作的夥伴，因一己之私而影響大局。這種小人有一些小聰明，懂得利用他人對他們的信任，爲自己謀私利。

應對職場小人的對策

了解這些職場小人的表現後，就要制定對策。

一、適當的警示

在職場上應對小人，既要考慮以後還會繼續相處，手段不能太過分，又要達到警示的效果。因此，妳得先分析辦公室中的人際關係，防止受到暗算，即使同事看似站在妳這邊，關鍵時刻也不一定會出手相助。

若想警告對方，要注意時間、地點和影響範圍，最好不要影響到妳的工作。若是影響了工作，上級肯定會出面，對妳來說不見得是好事。眞的迫不得已時，向主管報告情況，由他來調解，以避免小人背後向上告狀。

二、當斷則斷，別不忍心

小人所走的路，大多偏於狡猾、奸詐、欺瞞、恐嚇。他們會想方設法達到自己的目的，無論這種方法是否得人心。因此，有些小人爲了滿足私欲，又要保護自己，就會嫁禍於人。

面對這樣的人，容忍只會給自己造成更大的傷害。不如抓住對方把柄，給他迎頭一擊，強硬的立場會使小人退縮。但若發現這一手失靈，要馬上向相關人員透露情況，不要給他反擊的機會。

對待小人同事，不能一味退縮，也不要因一時交情而不忍心當場翻臉，特別是當妳有把柄落在對方手中，可能會不得不因此就範。此時，要考慮清楚，當斷則斷。

古人云：「當斷不斷，反受其亂。」一旦發現某個同事是小人，就要及時採取行動。對那些善於糾纏的小人，特別是利用妳某些弱點或過失要脅妳的小人，不要顧忌眼前小利。如果此時不斷絕，未來的大利也難以保住。

決斷時，妳可以清楚、直接表明自己的立場，或是冷處理，不理不睬，使其感覺無趣而離開。不要多講理由，以免讓小人抓住把柄，導致欲理還亂。

三、不妨以硬碰硬

有些人喜歡揭發別人的錯誤，藉此獲得快感，以及達到壓制別人、抬高自己的目的。面對這樣的人，剛開始妳可以先迴避，但若效果不好，可以選擇硬碰硬，讓對方明白妳也不是好惹的。

老是退避很容易受人恥笑。對於不懷好意、四處打小報告的人，一旦讓他有機會得逞，就直接影響妳在主管、同事面前的形象。當妳感覺對方的態度不友善時，要及時揭露，別留下後患。

若想揭露這類打小報告的人，妳要拿出眞憑實據，不要只是辯解，很容易越辯越黑；在沒有實據的情況下，則要適當忍讓，避免留下「如果沒有問題，爲什麼要辯解」的口實。

身處職場，若想一路暢通走向成功，要學會與不同人的相處之道，並懂得聰明的保護自己。這樣一來，即使面臨困境，妳也能淡定從容的渡過危機，化險爲夷。

5 保持中立，以免被人當槍使

在人多的大公司之中，同事之間的競爭往往更加激烈。妳和同事們表面上可能相處得很好，但實際情況卻不是妳想像的那樣美好。可能有人會想方設法讓妳在工作中出錯，自己便有機可乘；也有人會嫉妒其他在公司中表現優秀的同事，想聯合妳一起在背後做些有損對方的事，這就是拿妳當槍使，陷妳於不利。

遇到這類情況時，請適當的裝傻拒絕。即使那位同事沒有要利用妳的意思，這樣做也不合情理；而如果對方眞的是挖陷阱給妳，拒絕就幫妳逃過了一劫。

孟穎任職的公司老闆，決定從幾名經理中選拔一位擔任副總經理。行銷部和人事部經理是其中兩位候選人，他們都在公司工作了很多年，對公司貢獻良多，也都具備勝任副總經理工作的能力和豐富經驗。

公司是以投票方式決定由誰當選，所以在選拔資訊公布之後，兩人便開始在公司中拉票。孟穎剛進入這間公司，擔任專案研究的經理。銷售部和人事部這兩位經理，都來和她談過自己的競爭優勢，以及當選之後會給她哪些好處。

由於對公司人事還不是很熟悉，聰明的孟穎並沒有表明自己的立場，而是對他們說：「對不起，我才剛來這裡，我知道你們都是前輩，都有勝任副總的能力。但是，我不可能在這麼短時間內，能全面的了解你們。如果只憑我的片面印象就下結論，無論對你們哪一位都不公平。為了對你們負責，也對公司負責，我決定向老闆申請棄權，希望兩位能體諒我的處境。」

兩位經理覺得孟穎說得很有道理，就沒有再繼續糾纏她。

不要做牆頭草

在職場中，這種拉攏、利用的事時常發生。若真的碰到這種事，妳一定要有自己的立場，否則很可能被人利用，最後無法在職場生存。

在關乎多方利益的問題出現時，**避免自己被人當槍使，最好是保持中立的態度**。例如，幾位同事因某種原因發生爭執，鬧得不可開交，成爲公司的焦點，這時肯定有人想知道妳對這件事的看法，探問妳的立場。若妳平常已盡量減少與愛談八卦者往來，這時就可以用「我不清楚」來回答，避免不必要的麻煩。

別人能把妳當槍使，是因爲他看清妳的弱點。比方說，他知道妳見義勇爲，就會告訴妳他是如何受其他同事欺負，讓妳感到憤怒而替他出頭。因此，妳一定要清楚自己的弱點，當外在問題涉及妳的弱點時，就要格外小心。如果這時妳控制不住自己，可能就替別人說出得罪的話，讓自己背上黑鍋。

在工作中學會藏鋒，也是避免同事把妳當槍使的方法之一。同事可能會因爲妳太過鋒芒畢露，覺得妳對他來說是種威脅，而採取一些對妳不利的行動。有些當然會表現得很直接，但最可怕的是有些人表面對妳好，私底下卻製造陷阱讓妳跳。

因此，**遇事時要冷靜，學會裝傻、拒絕、藏鋒，在不該表明態度時保持中立**。但是，**不要做牆頭草，牆頭草更會遭到同事排擠，在競爭中最容易受傷害**。妳要仔細考量自身利益，找到自己的立場，並堅守之。唯有如此，妳才能在職場中站穩腳跟。

6 對待小人：不深交，也不絕交

俗話說：「寧可得罪十個君子，不得罪一個小人。」君子做事光明磊落，但小人就不同了，他們人格卑劣，不講信用也不講道德，更甚者不擇手段、不計後果。偏偏小人總是無孔不入，無論日常生活或職場中都可能出現。例如在職場中，小人非常善於暗中使手段，到處打小報告，揭人短處與隱私。

此外，職場小人總是口蜜腹劍，把老闆、主管哄得團團轉，而使他們能深得上級厚愛。妳知道這些小人卑鄙，卻不能奈何他，更不能得罪他。

所以，一旦妳選擇得罪他們，就要斬盡殺絕；若不願得罪，就盡可能遠離，不要和他們產生利益上的衝突。

那麼，該如何識別小人呢？

第一，小人善於拍馬屁、吹捧人，他們喜歡對著老闆搖尾巴，自然容易討得歡心。第二，小人兩面三刀，人前一套，人後一套，但一般人往往沒時間、沒精力辨別小人嘴裡的眞假虛實。或許妳會問，難道小人不累嗎？當然不累，能看到別人中箭落馬，他們樂此不疲。

第三，小人喜歡挑撥離間，打擊異己。他們爲了打擊對手，可以使出一切卑鄙手段。第四，小人總是花言巧語，能言善騙。小人的嘴永遠抹著蜜，什麼好聽就說什麼，被誇得暈頭轉向的妳，怎麼能看清這其中的眞實意圖？

人性大多善良，小人的心卻是黑的。妳想狠毒、陰險比不過小人，冤冤相報的精力沒他們旺盛，對付人的花招和心眼也沒小人多。所以，還是別得罪他們。

小人做的大多是兩敗俱傷的事，他們寧可傷害自己，也要毀了得罪他們、遭他們妒忌的人。有些小人的眞面目會隨著時間自然顯露，而被大家唾棄。可是，小人一個比一個高明，也有不容易被識破的，甚至有些人可能永遠不會失手。

不得罪小人，不代表就要受欺負。但我們要怎麼對付小人？有幾個原則。離小人遠，他會心生怨恨；近，容易被他抓住把柄。所以，**對小人勤打招呼，但少說話；不要主動和小人來往，也不要拒絕；不和小人深交，但也不和他們絕交；可以給小人一些好處，但絕不要占其便宜**；不要進小人的圈子，也不要讓他們深入自己的領域；不刻意幫助小人，也不阻攔他們想做的事，不規勸、不參與也不討論小人的行為，任他們自生自滅。

細菌容易繁殖，小人容易得志

細菌容易繁殖，小人容易得志。小人一旦得志，就可能做壞事毀了好事，千萬不可小覷。小人不受道德規範約束、不講遊戲規則，絕不可以其人之道還治其人之身。

唐代安史之亂平定後，立下功勞的重臣郭子儀為了防止小人妒忌，從不居功自傲，一直非常小心謹慎。

有次，郭子儀生病了，名叫盧杞的官員前來探望。盧杞是個聲名狼藉的奸詐小人，相貌奇醜，一般人看到他都忍不住捂著嘴笑。郭子儀聽到門人報告，便立即要家人迴避，不許露面，自己一個人走到客廳接待他。

盧杞走後，家人問郭子儀：「為什麼要我們躲起來呢？」郭子儀笑著說：

「這個人長得很醜陋，內心也十分陰險。你們看到他，萬一忍不住發笑，他一定心存忌恨。如果這個人將來掌權了，我們家族就會遭殃。」

後來，盧杞果真當上宰相，他拚命報復，把所有得罪過他的人都除掉了，唯獨對郭子儀還算尊重。不得罪小人，能避免許多不必要的糾紛和麻煩。

遭遇小人，不能亂了方寸。若妳想在有小人的工作環境中，仍然能生存下來，就要做到以下幾點：

一、不要為他的無恥動怒

別陷在對小人的怨恨和不滿裡，集中精力做好自己的工作。行動是最佳的解釋方法和最有力的反擊武器，一切造謠中傷的話都抵不過事實。

二、居功自傲，容易被利用

自傲會讓同事疏遠妳，不願意和妳溝通，而精明的小人就會乘機興風作浪，挑起誤會。與大家和睦相處，小人就找不到挑撥離間的藉口。

三、別等時間還妳清白

如果妳工作出色，就容易遭小人妒忌。一旦出現失誤，小人就會借題發揮：在主管面前誹謗妳，說妳是因為驕傲才犯這種錯誤；在同事面前詆毀妳，說妳不聽大家意見才造成失誤。這時，妳需要及時跟主管溝通，說出眞實情況，若妳不說，主管不會知道眞相。如果妳總是不說，總認為時間會還妳清白，讒言反而會先斷送妳的前程。

四、平常心看待小人

平常心不等於漠然對待，也不等於讓流言到處飛。解釋時氣定神閒，澄清時不慍不火，臉上不顯露情緒，拿捏好相處的火候就行。

生活及職場中有小人不可怕，可怕的是妳拿不出好的方法面對這些人。別得罪小人，這樣才能讓妳的職場路越來越順暢。

7 突如其來的熱情，有鬼！

即使是好朋友，也需要保持適度距離，和普通朋友來往就更要把握其中的尺度。若是對方突如其來的對妳表示友好時，一定要冷靜觀察，以免被他驟然升溫的友情所燙傷。

當然，要經過一定時間的相互了解和共事，才能建立眞正的友情，同時這份友情也才能經得起種種考驗。孔子曰：「不得其人而言，謂之失言。」如果妳沒有徹底認識對方，就把自己的重要事情全數告訴他，只會讓人感覺妳有失禮態。

逢人只說三分話，即便是最親近的都還要保留七分，何況只是相交甚淺的普通朋友呢？**一個歷經世故的人，絕對不會對普通朋友暢所欲言**。妳可能會認爲他們狡猾、不誠實，但這的確是爲人處世最基本的自我防護，要看對方是不是值得託付眞心。

如果妳和某個人只是普通朋友，雖然一起吃過飯，但還談不上有太多交情；或是妳和某個人曾是好友，但已有好長一段時間沒有聯繫，感情似乎已經淡了。但是某一天，他們突然開始接近妳、對妳異常熱情友好，甚至想盡辦法打進妳的生活圈，這種時候，妳應該有所警覺，他們可能對妳別有企圖！

當然，我們這裡只能說是「可能」，避免以小人之心度君子之腹，誤解對方的好意。也許有人眞的是對妳滿腔熱情與誠意，絲毫沒有任何企圖。畢竟，人是情感的動物，他們可能因爲妳的某些言行，而突然對妳產生好感。不過，這種情形發生的機率不會太高，妳也要盡量避免以這種最善良的眼光看人。

碰到突然升溫的友情，寧可冷靜、謹愼待之，保持距離，才不會被燙傷！

古代有個人名叫服子，是了不起的人才。有次，他的朋友向他推薦一個人，服子見了他，之後卻對這位朋友說：「此人有三個缺點。首先，他見人便笑，說明他為人不夠嚴謹，凡事不夠嚴肅；其次，他說話時，從來沒有提過自己的老師，而是自己誇誇其談，說明此人不懂禮儀；最後，交淺言深，我跟他是因為你而認識，對彼此都不熟悉，他見到我後卻什麼都跟我說，也不先了解我的為人。這樣的人肯定禍從口出，絕對不可交往。試想，下次他再見到別人後，同樣可能把你我之事和盤托出，雖然他無心，可是難免聽者有意。所以，我勸你也早點從這個人身邊離開比較好。」

妳想說，別人是否想聽？

有些人天生熱情，見到任何人都喜歡閒話家常，常常心情一激動，便什麼都脫口而出。若雙方關係、情感還不算深厚，就把自己的底牌都翻出來，會讓人認爲這個人幼稚、不成熟，而且，也沒有顧及別人的感受──他們是否想聽這些事？

雖然說「事無不可對人言」，但這是指妳所做的事光明正大，沒什麼不能談，而不是說妳可以盡情向別人宣告。

在精神交流上，人是很講究的，甚至比商業貿易更強調自願、平等的交換原則。人再善良，也不能讓他聽妳說他不想知道的事情，或者讓他說妳並不想知道的事。他可以關心和幫助妳，但絕不可能把自己最隱私的東西告訴妳，除非他另有所圖。

在如今的商業社會中，朋友之間某部分情誼是建立在共同利益之上。妳幫了他很大的忙，因此他對妳十分感激，慢慢的妳們就成了朋友，相互幫忙。因此，**當有人突然無緣無故對妳示好、想發展朋友情誼時，妳一定要先冷靜觀察。**

某間國家級研究中心研製出一項新成果，在國際上處於領先地位，並能創造出巨大的經濟效益。這一資訊被某國一間大公司得知，他們非常希望能了解這項技術，於是派出了間諜倩倩。倩倩利用合法的身分做掩護，在研究中心內尋找機會。最後，她把目標放到該研究中心的助理研究員王鈺身上。

王鈺是剛參與這份工作不久的研究員，年輕幹練，喜歡結交朋友。因此，倩倩先透過他人引見而認識王鈺，接著又請王鈺吃飯玩樂、贈送禮品，拉近彼此距離，並取得她的好感。兩人經常一起出入酒吧、高級百貨——當然，一切花費都由倩倩買單。

後來，她們成為非常要好的朋友。王鈺對倩倩無話不談，她抱怨自己工作十分辛苦，貢獻很大，待遇卻很低，因此她很想離開。倩倩見有機可乘，馬上介紹外國生活有多麼幸福、條件有多麼好，並表示願意幫助她擺脫困境。王鈺十分高興，馬上懇求倩倩幫忙。

倩倩見王鈺已經上鉤，便提出條件：只要王鈺把研究中心內的某項成果的資料弄到手，就可以安排她出國。

當時，王鈺已經意識到這是洩露國家機密的犯罪行為，感到十分為難，但終究還是經不起倩倩的利誘。某天晚上，王鈺利用機會，利用倩倩交給她的相機偷拍了資料，並把檔案交給倩倩。

就在倩倩為自己的成功感到高興之時，國安局人員突然出現。原來，有關部門早已察覺她們的密切來往，並採取了對應措施。幾個月後，王鈺因洩漏國家機密，被判處有期徒刑，她這才意識到倩倩的真正企圖，但為時已晚。

對於那些與妳相交不深的人，一定要保持防備。若妳把妳內心的珍貴情感，或極富價值的資訊，隨意就送給一個陌生人，反而會讓人覺得妳毫無自制力。

與人認識之初，妳們之間可能不會有太多話語，但經過幾次接觸之後，見識較短淺的人很容易把自己的心事告訴對方。所謂「交淺言深，君子所戒」，別跟這種人交朋友，某天他可能會把妳也「交付」出去。

知心朋友對妳的一生，有著重大影響，所以選擇怎麼樣的人當朋友非常重要。

「淺而言深，既為君子所忌，既為小人所薄」，說話也需要天時、地利、人和。而對於那些背後另有目的的人，我們還是可以與他們往來，但要保持距離，避免受傷。

第六章

二十歲定好位，三十歲有地位

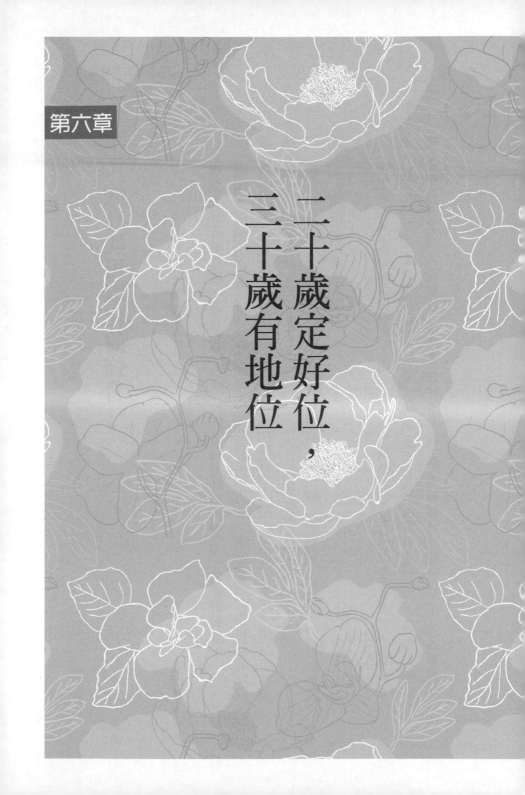

1

成為無可取代的強者

這個世界什麼都缺，就是不缺人。一旦妳沒有可利用的價值，就會被拋棄。

職場不同情流淚者，即使公司前一年還認爲妳是人才，處處禮遇，但可能今年就讓妳備受冷落；也許上個月妳還是公司內叱吒風雲的人物，然而，才過一個月妳卻面臨解職、降職的危險；昨天，主管還笑臉相迎，今天卻對妳破口大罵……。

職場中有太多大起大落，讓人飽嘗世間的人情冷暖。妳感嘆、抱怨，卻對此無能爲力——這就是現實。

孟雲從英國留學回國後，進入一間公關公司。老闆很看重孟雲的留學背景，經常把對孟雲的重視掛在嘴邊，彷彿是在督促大家要更努力、積極，否則就會被淘汰出局。受重視當然是件好事，但被老闆說出口就不好了，孟雲明顯感覺到來自周圍同事的壓力，尤其是同一部門的同事菲菲。

菲菲對孟雲的不滿，可說是有充分的理由。菲菲已在公司裡待了幾年，很有晉升的機會。孟雲進入公司後，被分配到與她同個部門，和她一起負責活動的策劃工作。具有留學背景的孟雲，無疑成為菲菲的最大威脅。

不久後，她們接手重要專案，兩人每天都討論到很晚。剛進入公司，孟雲很想好好表現，於是她賣力的出主意、想點子，提出一個又一個方案。但她萬萬沒有想到，菲菲單獨會見老闆，把兩人一起做出的方案呈給老闆，卻絕口不提孟雲的名字。老闆讚賞菲菲的積極，而對孟雲的表現感到失望。

孟雲開始意識到自己的危機：如果不改變、脫離這種困境，被掃地出門的就會是自己。

此後，孟雲都會在會議上、在所有人面前說出自己的創意，讓大家知道自己的優勢：有點子、有創意、懂得揣摩客戶心理。這些能力菲菲都並未具備。此外，她更在後續的工作中，不斷強化自己的優勢，成為公司裡的中堅力量。

菲菲自從偷竊孟雲的創意後，就再也沒有提出好的企劃案，她自己想的方案也總是被否決，逐漸變成一個可有可無的人。半年後，菲菲就主動辭職了。

只有兩種人不可取代：強者與創新者

我們之所以明顯感覺到危機，正是因爲我們的地位遭受威脅，意識到自己的位置會被他人取代。而解決方法，只有提升妳的不可取代性。**唯有讓自己的地位無可替代，才能保證無後顧之憂**。

如何讓自己變得不可取代呢?從本質上來說，**這個世界上只有兩種人不可取代：一種是某一領域裡的強者，另一種則是創新者**。前者無人能敵，後者永遠走在別人的前面。所以，我們要做勇於第一人，而不要總是走別人走過的路。

但是，即使妳做不到這兩點，也請記住：無論如何妳都要證明，妳爲老闆創造的價值大於老闆支付給妳的薪水。也就是說，**如果妳期望自己的價值只是與當下的薪水畫等號，妳就不會是老闆心目中的第一人選**。

在公司裡，沒有能力，再會吹噓自己也是枉然。懂得抬高自己、推銷自己固然重要，但同時也要努力提升自己的能力和實力，否則就只是一副空殼。

例如在中國職場中，出現大量的「漢堡人才」。所謂的漢堡人才，就是指那些擁有大學以上學歷，並持有至少一項職業資格證書（按：中國官方發放，表明勞動者具有從事某一職業所必備的學識和技能的證明，由各個相應的行政部門核發）或技能證書，但跳槽時卻屢戰屢敗，得不到自己的理想職位和薪水的人。這群人就如同巨大的漢堡外表光鮮，實際上卻沒有多少「營養價值」。在工作中，這類型的人往往無法發揮自己的能力和實力，在競爭日趨激烈的職場中，這樣的人難有競爭優勢。

提升自身實力，也是提高身價

想取得成功，唯有不滿足於現狀，而努力提升自己、追求更高的目標。實際上，**在提升自己能力和實力的同時，也抬高了自己的身價**。例如微軟公司創辦人比爾·蓋茲，他不僅是某一領域的最強者，更有不斷創新的精神，這正是別人沒有的才華，所以他的強大和富有是必然的。

如今，有不少企業出於成本等因素的考量，而將公司業務外包給其他公司。在這樣的趨勢下，未來的工作就會出現兩種類型：一種是可被取代，也就是容易外包的工作；另一種是不可被取代、高附加價值的工作。

在這種新趨勢下，每個人都應該認眞想想自己的工作是否容易被取代，妳的工作究竟是暫時性的，還是永久性的。這些都取決於妳是否有危機意識，且因危機意識而不斷充實、提升自己，創造出妳的不可取代性。機會永遠是留給準備充分的人。

暢銷書《世界是平的》（*The World Is Flat*）的作者曾說，只有「很特殊、很專業、懂得調適及深耕」的人，才不會在這股外包浪潮中被取代。

只要妳肯認眞思考，再簡單的工作也能做得很出色。曾任萬寶華企管顧問公司總經理的李崇領曾說：**「所謂不被取代的工作，必須是技術含量高，一般人無法涉獵的領域，因為它能凸顯出個人的價值。」**精進技術，或是不斷創新的思路，都是妳無可取代的資本。

當然，若妳既非技能高超，又沒有創新的點子，就得掌握與人相處的訣竅。只要妳善於與人溝通，**好人緣也能讓妳變得無可取代**。

2 怎麼接住對方丟妳面前的炸彈？

職場上的勾心鬥角，有些爲名利，有些爲權力，還有爲了金錢或其他目的。總體來說，這算是一種職場心理，展現出某些人的心機或欲望。這種現象一直存在於職場的各個角落，不管妳的身分是經理、主管或是員工，都將持續面對許多表裡不一的對手。關鍵是妳該怎麼處理、怎麼接住對方丟在妳面前的「炸彈」。

若是遇上工於心計的人，妳有沒有能力戰勝他們？以下教妳幾種應對方法：

一、不深交，也不四面樹敵

職場不能深交，但也別四面樹敵。進入公司後，要盡量低調、圓融。同事是工作夥伴，不是生活伴侶，不可能要求他們像父母、兄弟姊妹一樣的包容和體諒妳。

同事之間，最好保持平等、禮貌的夥伴關係，彼此心照不宣的遵守同一種「遊戲

規則」。即使為了生存，不得已進入某一派系，也要盡量中立。

許多女人喜歡打聽別人隱私、傳播小道消息，還不忘添油加醋。但在職場上，一定要克服這種毛病。胡亂打聽和傳播這些隱私資訊，就可能帶來隱形的敵人。

二、創造自身良好口碑

若想晉升，先學會察言觀色，敏於事而慎於言。有了很強的觀察能力後，妳就能掌握做每件事、說每句話的最佳時機，而不造成主管、同事困擾。

「敏於事」包括所有妳分內責任、該做的事，要馬上做，而「慎於言」就是不亂說話。有時候，**做事並不是把妳的本職工作做好就行，而是要營造出融洽的工作環境和氣氛，讓公司上下對妳都是好評**。

想打造自身良好的口碑，懂得察言觀色是基本條件，說話、做事也都要謹慎，不該說的話堅決不說。

此外，除了直屬主管和老闆之外，公司內部其他的關鍵人物也切記別得罪，因為他們的一、兩句美言，往往比妳自己主動努力有效得多。

三、創造好人緣

想遠離職場中各種鬥爭，就要有好人緣，並藉由好人緣促進妳的事業，這就代表妳要懂得溝通。溝通的技巧不僅是一門學問，更是一門藝術。

根據相關研究顯示，**善於溝通的女人通常具有以下特徵：聆聽多於表達、尊重他人的隱私、不過於謙虛、犯錯誤時勇於承認並坦誠道歉。**

許多人說話時，經常直截了當的指出別人不足之處。但我們要想想，世界上沒有任何人是完美無缺的，所有人都存在缺陷與短處。當妳要揭別人短時，先想自己的缺點，這樣一來，妳說話時就能有所保留。給他人留一分面子，就等於爲自己留一條後路，自然也就爲自己出創造良好人緣。

四、做聰明的糊塗人

若妳已陷入激烈的職場爭鬥，就要學會適時放棄。盡量避免與和妳有利益衝突的人打交道，因爲很少有人會算計與他沒有利益衝突的人。

「難得糊塗」的關鍵，在於糊塗的時機。什麼時候糊塗，則取決於妳平時不糊塗的程度。一個人即使眞的聰明，也不能把自己的聰明全部寫在臉上，需要糊塗時裝糊塗才是眞正的聰明。在聰明人面前裝糊塗，能避免尷尬；而在愚笨的人面前裝糊塗，會得到認可。在上級面前裝糊塗能避免打壓，在同事面前裝糊塗可免受排擠，在部屬面前裝糊塗能得到對方信任、更了解其想法。

但妳也要記得，在需要妳發揮聰明時，不要吝嗇表現。

五、懂得分享，化解危機

所有人都是蠟燭，要點燃自己並照亮別人。**如果妳只照亮自己，前途將一片黑暗；如果妳只照亮別人，將成為灰燼。**

3 壞消息，拐個彎說

有句話這樣說：「會說話的令人笑，不會說話的令人跳。」與人交流時，說話技巧就是對人施加影響、體現自身價值的重要方式，也是爲人處世、謀事創業的資本。與人溝通時，我們不只要懂得熱情的讚美，也要有技巧的傳達於對方不利的壞消息。也就是說，說話要巧妙，才能得人心。

愛聽恭維自己的好聽話，是人的本性。古代有多少忠臣名相，就是因直言勸諫而落得身首異處，這都是血的教訓！

唐代政治家、書法家褚遂良生性耿直，經常犯顏勸諫。六五五年，唐高宗李治打算廢王皇后，改立武則天為皇后，文武大臣雖然反對，但都不敢表態，因為說得不好就得掉腦袋。

褚遂良這時站出來，列舉許多理由來說明這樣不可行，並說武則天已侍奉過先皇，現在怎麼還能夠再侍奉陛下、再當皇后呢？這樣一來，天下人肯定會大加議論，於公於私都不妥。李治很生氣，但也沒有直接處罰他，可是武則天得知此事後就懷恨在心，非得除去這個眼中釘、肉中刺不可。

之後，李治還是執意要立武則天為后，褚遂良又公然在大殿之上表示反對，讓李治下不了臺。最後，在武則天的慫恿之下，褚遂良被貶為潭州（長沙）都督，又轉為桂州（桂林）都督，再貶愛州（按：今越南北部清化）刺史，最後死於任所。

上述故事中，褚遂良說的句句有理，都是爲李家的天下著想，但他不顧場合進忠言，一代大臣反而落得悲慘的結局。

與人交流時，說話雙方當然都希望對方能對自己實話實說。但是，若是要顧及面子、自尊，甚至是保密等原因，實話實說反而令人尷尬。但是，若實話又不得不說時，就需要拐個彎，讓人聽起來順耳，從而欣然接受。

一個人怎麼說話，往往就是他能力的體現。若是話說得多卻都不到位，倒不如不說。關鍵時刻的一句話，也許就是某個人的命運轉捩點。我們該如何才能使忠言不逆耳，避免讓對方不愉快呢？

要拒絕別人時，更須格外尊重

春秋戰國時期，孔子、孟子等先賢周遊列國，遊說各國國君、大臣，從現在的文字記載看來，他們大多實話實說、以理服人，使那些有權有勢的人接受他們的主張。

例如《戰國策》記載的「觸龍說趙太后」，就是實話實說的典範之一。觸龍是位忠心爲國、善於進諫的老臣，他希望趙太后能將她寵愛的公子放出去鍛鍊、增長才幹，以爲國立功，將來能在趙國安身立命。爲了達到此一說服的目的，觸龍發揮了說話的藝術，在覲見之初先噓寒問暖，再談及周圍的環境形勢、國家需要怎樣的人才，一切說得合情合理、絲絲入扣，直到趙太后轉怒爲喜，最終接納他的建議。

如果妳不得不傳達一些壞消息給人，或粉碎他人的希望時，更需要尊重對方、維護他的虛榮心。處世圓融的人，在這種不得已的情況下，總會想辦法不讓對方有受辱的感覺，將壞消息帶給人的消極影響降到最低。

美國前總統麥金利會用一種簡單、直接的方式，表達自己的想法。如果他要拒絕某人時，就會格外恭敬的招待他，像是請對方吃點心或午餐等。有人曾這樣描述麥金利的行爲：「他有好幾次必須拒絕別人，說得非常誠懇，以至於那些被拒絕的人，都成了他的好朋友。」

事實上，無論用什麼方式拒絕別人，都可能帶給對方不好的情緒。大人物尚且如此，年輕人更應慎重對待。

聰明的女人懂得如何給對方臺階下。爲了不傷對方面子，談話中應當給對方留點餘地。妳可以假定雙方在一開始並沒有掌握全部事實，例如，妳可以這樣說：「當然，我完全理解你爲什麼會這樣想，因爲你那時可能還不知道這件事。在那種情況下，任何人都會做出相同決定。」或是「最初，我也是這樣想的，但後來當我理清所有情況後，就知道自己錯了。」這樣一來，對方也比較願意接受妳的觀點。

4 留意辦公室裡「看似平庸」的同事

許多職場中都有這種現象：某些同事整日無所事事，上班就是喝茶看報、上網聊天，下班時間一到準時走人，而老闆卻對他們睜隻眼閉隻眼——這就是我所謂「看似平庸」的同事。妳心裡或許會覺得憤憤不平，覺得他們比妳做得少，每天混水摸魚卻能拿薪水，老闆還重用他們。

工作中努力敬業的人，值得我們尊重和學習。但在辦公室中，那些整天看似無所事事的同事，也絕對不能隨便得罪，因爲那些看似平庸的人，可能一點都不平凡。

名校畢業的美鳳，原以為大公司職員應該各個精明幹練，誰知過關斬將，好不容易才錄取進來，卻發現大企業也不過如此。祕書每天只知道穿得漂漂亮亮，行銷部小單每天遲到早退，三個月也沒見他拿回一筆訂單；還有會計月英，整天閒著沒事，日常工作只有一件：統計全廠兩百零三個員工的午餐。

某天，美鳳找行政部阿玲領文具時，小單和月英也來領，偏偏資料夾只剩最後一個。美鳳笑著說先來先得，月英就不高興了，她說：「妳才剛來，哪有那麼多資料要放？」美鳳也不服氣：「妳每天也不過做一張報表而已，還有什麼資料？」月英臉色立即沉了下來，阿玲連忙打圓場，從美鳳懷裡搶過資料夾，遞給月英。

沒過多久，老闆把美鳳叫進辦公室訓了一頓，並告訴她下次再發生一樣的事就會馬上辭退她，也不給美鳳替自己解釋的機會。美鳳氣呼呼回到座位上，小單端著一杯茶悠閒的走過來：「不服氣嗎？妳不知道，月英的阿姨每年可是給我們兩千萬的生意呢！」說完，他打著呵欠走了。

下午，阿玲送來一個新的資料夾給美鳳，並不斷向美鳳道歉。她說她得罪不起月英，因為她是總經理眼中的紅人；她也不敢得罪小單，因為他社交廣泛，不少部門都得請他幫忙，每年也都會拿回一、兩筆大訂單。阿玲離開後，美鳳一個人思考許久。

不起眼的同事，影響力可能深藏不露

受限於角度，我們看待問題容易流於片面。聰明的女人千萬不要輕易下結論，若是一不小心得罪人，未來的路就不好走了。

況且，老闆並不是傻瓜，絕不會平白無故讓人白領薪水，那些看似遊手好閒的平庸同事，說不定都擔當著如消防隊救火般的光榮任務，不到關鍵時刻看不到他們出手。所以，千萬別和他們過不去。

許多高學歷、高知識的人往往認爲，在公司裡只要自己取得實績，贏得上級賞識和歡心，加薪、升官便指日可待，而對於公司內部的行政人員，沒有給予應有的尊重和禮貌，認爲他們的協助理所當然，對他們頤指氣使。其實，這是非常嚴重的錯誤。

事實上，**有些行政人員職位雖然不高，權力也不大，也不見得跟妳有直接的工作關係，但是，他們在公司內的影響力其實無處不在**。他們可能比妳資深，在這間公司內經歷的風浪比妳多，若想找妳毛病、暗中做點手腳讓妳無法晉升，也是易如反掌。

千萬不要以個人片面的觀點，對待妳身邊的同事。處理好和同事的關係，才能在辦公室中坐穩。

5 愉悅的讚美，不能像拍馬屁

人是情感的動物，被別人稱讚時，一定會感到開心。就算知道對方的讚美有些誇大成分，心裡仍會暗自高興。

讚美的話，實質上就是人與人往來的潤滑劑，能讓人們更融洽的相處。讚美的話語永遠不嫌多，爲了讓別人願意幫助妳、達到想要的目標，更應該多說一些。

寧玲和王麗是同間公司的高級主管。寧玲很受同事歡迎，有些人平時就願意主動幫她做事，在她遇到困難時，更是不遺餘力的幫助她。

而王麗的情況卻恰恰相反，很少有同事願意和她一起做事，甚至中午吃飯時也不會找她。工作上有困難時，只有寧玲偶爾會幫忙，其他同事都是坐視不理。因此，在幾次的考核中，王麗帶領的部門都是墊底。

於是，王麗決定向寧玲學習工作方法。她發現寧玲並不如她想像的能幹，無論知識、業務能力都沒有她好。但是，寧玲很擅長和其他同事打好關係。

例如早上進公司時，寧玲會和每一個見面的同事打招呼，有時還會讚美他們的新髮型，或服飾、妝容的變化。而當同事取得工作成果時，她不只祝賀對方，還會虛心請教：「這套方法很有成效，有空也教教我吧！」讓同事眉開眼笑，連連點頭說好。

正是因為寧玲打好與同事的關係，工作時才能遊刃有餘。只要有不會的地方，就向同事請教，同事也願意把知道的都告訴她；遇到困難時，她就算還沒開口，也有同事主動來幫她一把。

寧玲讚美的話語，讓她在同事中受到歡迎，幫助了她的工作。妳也可以這麼做，讓自己的工作更加順手。

其實，與朋友或同事相處時，適時說點讚美的話是必須的。如果妳打從心裡佩服某個人，就抓準機會讚揚他。適當的讚揚別人，會讓妳們的關係變得融洽親密，工作時就比較不會有隔閡，有時還會讓妳得到意想不到的收穫。

讚美不花錢，還能換來人情

說讚美的話不會讓妳失去什麼。既不需要刻意準備，也不需要花錢，而妳在讚美同事的同時，能換來一些潛在的人情。這些人情會拉近妳和同事的關係，製造出更輕鬆的工作氛圍，讓妳能順利的開展工作。讚美那些好相處的同事，會拉近妳們的距離；而對不好相處的同事說讚美的話，可以讓他們覺得妳並不難相處。

此外，有時讚美是爲了避免尷尬的局面，這時就要有所保留。例如，妳的同事接受困難的任務，找妳訴苦。這時可以安慰他：「不要太煩惱，如果你實在是無法完成，而我的工作又做得差不多時，我就可以幫忙。」

但是，妳不能很肯定的說：「我一定會幫你，放心。」若同事找妳幫忙、而妳自己的工作還沒有做完時，就會陷入左右爲難的局面。不去會違背自己的承諾，去了就耽誤自己的工作，還讓同事覺得妳出爾反爾，更不利於未來的合作。

當然，要恰如其分的讚美別人，的確不容易。**如果稱讚不得體，反而會遭對方排斥，因此，要稱讚對方引以為豪、喜歡被讚美的地方**。此外，讚美也要看時機和場合，最好在人多的場合，人越多，妳的讚美就越會讓對方覺得有面子，效果更好。

但是，**也不能讚美太過頭，尤其當對象是上級、主管時，很容易就成了「拍馬屁」**。這會讓人覺得妳虛假，而產生厭惡的感覺，也會讓別人看不起妳。還會讓妳和同事無形中產生地位上的差別，讓妳們更加疏遠。

當然，讚美的話不只在工作時說，工作以外的時間也可以說。例如週末時，妳在公園看到同事帶著女兒散步，就可以上前和他打招呼，也別忘了和他女兒說幾句話，道別前誇獎一下他的女兒，像是稱讚女兒很可愛或誇他教女有方等。就算妳說的可能並不完全符合事實，只要不太離譜，都能讓妳的同事高興。隔天上班時，妳或許就會感受到那位同事和妳變得親近。

美國著名幽默大師馬克．吐溫（Mark Twain）對讚美的作用大加讚賞：「我可以因爲一個愉悅的讚美，而多活兩個月。」讚美是人心與人心之間的交流，不但可以消除人與人的隔閡，還能縮短彼此距離。

誰不喜歡鮮花、掌聲與讚美？哪怕只是一句簡單的讚美，都會給人帶來無比的溫馨和振奮。因此，當別人出色的達成某件任務後，別吝於向他祝賀。

對別人讚美並不是欺騙，而是與朋友交往的必要手段，這既能迎合對方的需要，也讓妳得到好人緣。當妳善於運用讚美，生活中就容易有意外的收穫。

6 自作主張，職場大忌

想要有所作爲的人，應該找好自己的位置，知道哪些事該做、哪些事不該做，把握好適度的原則，不要輕易越位。如此一來，才能與別人和諧相處，並得到他人的信任和賞識，在個人事業的發展上，也會少一些不必要的阻礙。

每個人都有屬於自己的位置，即便得意時也不可忘形，別一不小心把手伸進別人地盤。知道什麼事情該做、什麼事情不該做，是一種智慧，更是一種氣度。

羅小姐是一間跨國集團旗下某間分公司的員工，經過幾年的奮鬥，她成為這間分公司的公關部經理。她因為在商場中有良好聲譽，自恃業績卓越，在一些宴會場合中，風頭常常凌駕於總經理之上。

某次，總公司高層在香港舉行盛大的宴會。當晚，羅小姐一一介紹總公司高層和分公司的總經理出場。當輪到她的上司——分公司的總經理——致詞時，她竟先說了一段感謝詞，才讓總經理上臺發言。雖然只是短短幾句話，總公司高層卻皺眉，因為她當時只負責介紹長官出場，而無獨立發言的權利。

宴會中，總公司高層主動與她交談，發現她提及公司事務時，常以個人觀點發表意見，而完全不提總經理的旨意，讓人感覺她才是這間分公司的總經理。宴會後，分公司總經理被高層找去開會，討論公關部經理是否應代他處理日常業務。

最後，羅小姐被她的上級找了藉口開除。

與客人應酬、參加宴會等場合上，應該以主管為重。有些人身為部屬，卻過於積極，像是搶先與客戶打招呼，而不管主管在不在場。過於張揚自己，顯得上級好像不夠格，往往會引起反感。

站好位置，不要越權

在團體中，應根據現實情況找到屬於自己的位置，不要越權，也不讓別人占據妳的位置，這樣一來，才能保證團體成員間協調合作，利於推動共同的事業發展。假如大家都找不到自己的位置，團體工作便無法協作進行。

若想達到升遷的目的，就必須腳踏實地做好自己的工作，不是自己範圍內的事務，最好別隨便插手，這樣才不會給人不尊重，或想要霸占他人位置的感覺。過度顯現野心，很容易受到同事攻擊，上級也會有所防備警戒，而嚴重影響妳的事業發展。

積極工作雖被人們認爲是職場鐵律，但這條鐵律並不適用於所有場合。若身爲部屬沒有確認自己的位置，而惹得心胸狹窄的上級不高興，在後續工作中就可能爲自己帶來不便。確實，**身在職場有些時候並非越積極越好，而是必須先學會確認自己的角色定位，在正確的位置上努力方能事半功倍**。

有些企業的職員，可以參與公司部分決策。這時就應該注意，由誰做出什麼樣的決策，其實是有限制的。有些決策基層職員可以參與，但有些重大決策，部屬最好還是不發表意見爲妙。

人們喜歡表明自己的態度，但若是超越了自己的身分，胡亂表態，不僅是不負責任的表現，也不會收到任何成效。不同階層的人，所擁有的決策許可權不同，有些決策妳身爲部屬可以做，但也有些決策必須由上級處理。每一個人都有屬於自己的位置與責任。

如果妳身爲部屬，卻時不時犯這樣的毛病，主管就容易視妳爲「危險角色」，而對妳保持一定的警戒，甚至設法制裁妳。到了這時，即使妳表現出配合的姿態也爲時已晚，對方可能已不願賞識妳的配合。

所以，**在職場上別做吃力不討好的事**。**自作主張是與上級相處時的大忌**，不論什麼情況，只要上級沒有授予妳定奪的權力，就不要越權決定任何事情。否則，吃虧的人只有妳。

7 別相信老闆說「不會虧待妳」

許多上班族都有類似的煩惱。老闆經常會說：「好好做，我不會虧待妳！」但是，沒有加班費、獎金和其他補助，致使妳在公司裡做了最多，薪資卻不是最高的。

此外，還有一些狀況是同事離職後，主管要妳暫時代理其職務，直到招到新人為止。但這個期間，妳一個人做兩個人的事，薪水卻絲毫未漲，也遲遲盼不到新人來的那天。「不找新人，也該漲薪水吧！」妳心底的吶喊，其實老闆也知道。但妳若不出聲，老闆就選擇裝作不知道。

所有公司內的技術事務，若沒有喬安參與，往往中途就會出現解決不了的問題，讓她很受老闆的重視。但她為此很煩惱。老闆凡事都要找她商量，因此，喬安經常為這些額外的工作加班，付出很多的精力和時間，儘管她升上主管，卻沒有得到其他應有的待遇。

上週，喬安打開薪資條，領的仍然是普通員工的待遇。她內心鬱悶：「我每天這樣工作，公司也很看重我，為什麼升職已經半年多，老闆還不加薪？如果我做得不好，那他為什麼讓我升職？」

半年前，工作出色的喬安升上部門主管。這對工作了五年的她來說，是很大的鼓舞。為此，她更加拚命工作，連週末都放棄了。升職後第一個月，她發現薪資未漲，以為是公司內部還在調整，沒有放在心上，依然埋頭工作。半年過去了，薪水依舊。

不知情的部屬常開玩笑要她請客。當喬安說她的薪資並未調漲時，大家都不相信：「妳那麼受老闆重視，還升上主管，怎麼可能？」喬安想不通：「我可以確定我的工作並沒有出問題。難道老闆對我有意見？可是，好幾次員工大會上，他還當著全公司員工表揚我的工作能力……。」

到底該怎麼辦？如果一升官，就跟老闆討薪水，感覺多不好意思。「搞不好會老闆覺得我太功利。」但不說的話，喬安心裡又很不平衡。她認為自己明明工作量增加，擔負的責任也更重了，應該拿到相應的工作報酬。

升職不加薪，要好好判斷有無發展機會

身為員工，總是希望老闆能多為我們著想。作為職場上的弱勢群體，員工為了自己的生存，只能犧牲部分利益，從老闆那裡換取生存機會。具體表現為無條件加班、一味妥協退讓等，基本上沒有機會說不。而這也在一定程度上，助長了許多老闆更過分的行為，讓他們有恃無恐。如果老闆不加薪，或對這個問題避而不談，妳一定要找機會和老闆溝通。

首先，妳要請老闆給妳明確的不加薪原因。例如，需要時間確認妳是否能勝任新職務，還是公司預算考量，或者老闆就是壓榨妳。針對不同原因，我們要考慮不同的應對方法。

如果老闆還不確定妳是否能勝任工作，需要考察一段時間，妳就要探聽老闆會用什麼指標考核、期限多久，有了標準以後，妳的努力才有方向。

若妳是在跨國企業工作，預算往往是一年一年訂定，當妳在年終升職時，加薪就需要層層審批。在這種情況下，妳需要理解老闆的苦衷，也要讓老闆知道妳的辛苦需要實質肯定，別忘記和老闆約定一個期限，希望老闆在什麼時間提升妳的薪資。

當然，不排除很多私人老闆是故意壓榨。**有些老闆為了鼓勵員工，會採取畫餅充饑的方式**：「好好做，做得好就會加薪！」這種赤裸裸的畫餅方式，**第一次講或許有用。但面對員工的二次進攻，再繼續畫餅意義就不大了。**

這時，老闆往往會使出另外一招：給妳一個新頭銜，升職而不加薪。讓妳感覺受到讚賞，而繼續任勞任怨。若是遇到這種情況，就要判斷升職對於妳提升能力或長期發展是否有幫助，如果有幫助，雖然沒有增加收入，還是可以在這個職位做一段時間。

一般來說，這種會故意壓榨妳的公司規模都不大，想跳槽到大公司的機會比較少，所以妳可以做半年、一年，提升自己的能力後，尋找其他工作機會。

而如果妳判斷這個新職位沒有什麼含金量，就趕快尋找下一份工作吧！

8 讓別人多賺兩分

二〇二〇年的中國電視劇《杜拉拉升職記》，是一部能讓職場人如獲法寶的修練手冊。主角杜拉拉抱持「吃虧是福」的理念，成功的從新人逐步晉升爲職場菁英。這其中的是與非，讓許多在職場中仍迷迷糊糊的女性看了之後，猶如當頭棒喝。

沒有人願意讓自己的利益受損。可是，杜拉拉就是靠著「吃虧」越走越穩、越升越高。表面上吃虧看似是禍，其實吃點小虧，能讓自己得到更大的便宜。

吃虧就是一種投資，妳寬容、禮讓，凡事爲他人著想，能不計較的就不計較，能成全的就成全，能幫忙的盡量幫，就是最好的人情投資。

商業向來是多贏遊戲，其中只要有一個人沒有拿到利益，這場遊戲就無法持續。一間優秀的企業，不僅對自己負責，還要對消費者負責、對經銷商負責。吃虧不只是時間和精力的付出，也包括時時刻刻爲他人的利益著想。

大家都有好處，才能合作

華人首富李嘉誠告訴自己的兒子：「你如果和別人合作，假如拿七分合理，八分也可以，那我們李家拿六分就可以了。」

李嘉誠爲什麼要這樣做？**他讓別人多賺兩分，就會有更多人知道與他合作的好處，接下來會有越來越多的人願意找他合作**。想看看，雖然他只賺六分，但現在多了一百個人，他的收益會變得如何呢？成大事的人，思想必然也是大氣的，不會只盯著眼前一點小利，而放棄更長遠的利益。

身在職場的我們，也應該學習李嘉誠的致富之道。也許妳的投入無法立刻得到相應的回報，此時也不要氣餒，而是該一如既往的多付出一點。回報可能會在不經意間，以出人意料的方式出現。最常見的回報是晉升和加薪。當然，除了老闆之外，回報也可能來自其他人、來自間接的方式。

多做分外的工作，就是多一次學習和鍛鍊的機會，妳也能多學一種技能、多熟悉一種業務，上級對這種員工往往青睞有加。只要妳經常做些分外小事，就能使妳從人群中脫穎而出。**吃小虧實際上就是一種投資，是為了將來更長遠的發展。**

小陳心情非常不好。她的團隊最近正在參加某化妝品品牌夏季推廣會的比稿，她很努力，且對自己這一次的創意很滿意。她覺得這次是她在業內嶄露頭角的機會，所以，她和她的兩個搭檔犧牲好幾個週末，就為了把這件事做好。

但是，就在專案即將到手時，老闆卻要她把這個專案讓給另一位同事來操作，理由是那位同事與該客戶的關係更好。老闆希望小陳能理解，並為公司大局做點犧牲。

眼看著自己的成果被同事拿走，美好前景化為泡影，小陳心裡感到悲傷。從小到大，她的長輩都教導為人要謙遜、禮讓，但她現在真不知道職場到底該不該讓。她懷疑，當前的社會，謙讓或許稱不上是種美德。

謙遜，是現代社會人士必備的素質，也是職場競爭中一大護身法寶。身爲公司職員，妳的成功，首先是團隊的成功，團隊的成功也就是妳的成功。

的確，在這個充滿商業競爭的社會裡，對於一個渴望成功的職場新人來說，不爭、不計較，滿足上級的要求，甚至欣賞同事的成功，確實都不容易。因爲妳還缺乏足夠的磨練，希望努力後能馬上獲得等值回報，而容易斤斤計較。

吃虧是一種隱性投資

要求獲得回報並沒有錯，但若過分注重眼前和金錢上的利益，有可能適得其反。如果妳老是跟上級提加薪或獎金，一旦超出對方的心理承受能力，他就容易感到煩躁，而對妳產生反感；即使上級滿足妳的要求，給妳加薪或獎金，他也會在心裡認定妳這個人太現實，從此在他心裡留下一個難以抹去的印象。

因此，在這種情況下，即使妳認爲自己應該獲得回報，最好的辦法並不是據「理」力爭，而是讓上級主動獎賞妳。即使勉強爭到手，對妳也沒什麼好處，反而在上級心中留下一個壞印象，讓妳得不償失。

在充滿競爭的社會，不計較確實是件不容易的事。但妳要相信，吃虧是一種投資，是爲了更長遠的發展。吃得眼前虧，才能得到將來的利。

如果妳的謙讓，最終讓團隊獲得成功，上級心裡肯定有數，同事也會對妳更加欽佩，妳的個人形象得到認可，個人品牌價值也會大大提高，也就意味著妳將來比別人有更多的機會。所以，嚴格來說，妳的謙遜並不是眞正意義上的「犧牲」，而是一種隱性投資。這種投資是可以回收的，且比一般投資的回報率要高得多！

有句商業俗語這樣說：「釣魚需長線，有賠也有賺。」職場上的得失，一定要將眼光放遠，千萬不要「只見錐刀末，不見鑿頭方」，只顧一時小利，失去長遠利益。

世界上沒有白吃的虧，有付出必然有回報，如果只懂得斤斤計較，往往得不到他人的支持。唯有從長遠的角度思考問題，妳才會發現吃虧就是商業投資！

凡事都要看得遠，把吃虧當作一種隱性投資。這樣一來，不僅能爲妳帶來良好的人際關係，還會讓別人更加感激妳，從而帶給妳更多回報。

9 拒絕要委婉，炮彈也該裹糖衣

工作中，難免會遇到同事向妳提出一些要求。如果這個請求與妳的工作有關，妳責無旁貸；但如果這個請求雖與妳的工作有關，卻不合規定或不合情理，或者根本就與妳的工作無關，那麼妳該怎麼做呢？

快下班時，吳佩接了一通電話，對方撒嬌帶著耍賴的語氣，她一聽就知道是阿美。阿美說：「親愛的，救救我吧！幫我寫個提案，客戶已經催了好幾次，可是我實在是沒有時間啦！妳知道，阿傑最近在追我，我也很喜歡他，妳幫幫我，就算是支持我的愛情啦！週末我請妳吃韓式料理！」

阿美是吳佩在公司裡最好的朋友，嘴巴很甜、很會說好聽話。這已經不是她第一次找吳佩求助了——阿美下班後總是忙著約會，常常把做不完的工作丟給吳佩。吳佩每次都想拒絕，可是聽到阿美開口一句「親愛的」，那種能把人融化的熱情，她不知道該怎麼開口說「不」。

許多女性耳根子軟、心腸也軟，面對同事的請求幾乎是照單全收，害怕一旦拒絕會爲彼此關係帶來不利影響。幫助同事本來是好事，但若是不合理的請求，應該學會拒絕。

幾乎所有的上班族，都害怕或不願意拒絕同事的請求，因爲他們害怕失去良好的人際關係。所以，面對同事不合理請求時，內心雖然爲難，但每次都心軟的接受。

好朋友應該相互幫助，拒絕會不會讓自己失去這個朋友呢？這是許多人內心最大的擔心。同事需要相互幫助的時候很多，在力所能及的情況下，幫助同事理所當然，這樣做也會爲自己帶來很多益處，例如良好人際關係和更有效率的工作環境。

但如果對方提出的是不合理請求，該拒絕就一定要拒絕。在職場上，**妳必須堅持自己的原則，對於不能接受的要求和沒有必要回答的問題，不要遷就，也不要猶豫，一定要展現妳的原則，明確拒絕對方。**

不傷和氣的拒絕法

有些人可能會選擇直截了當的拒絕，但這可能不是最好的選項。直接拒絕，很可能會影響妳和同事的關係，甚至會得罪對方。

那麼，該怎麼做才能既拒絕同事不合理請求，又不傷彼此和氣呢？

一、先別急著說「不」

當同事對妳說出自己的請求時，先不急著說「不」，而是認真傾聽對方的情況後再決定。同事向妳提出請求時，他們心中往往也有不同程度的抱歉，擔心妳拒絕、擔心帶給妳麻煩。因此，在妳決定拒絕之前，要仔細傾聽，請對方把處境與需要講得更清楚，妳才知道如何幫他。並且，妳應對他的難處表示理解。

另外，傾聽能讓對方有被尊重、被接納的感覺，而在後續妳婉轉拒絕時，也比較能避免傷害他，因爲他在妳的傾聽中，已感受到妳的眞誠與尊重。

如果妳拒絕是因爲工作負荷已經過重，傾聽可以讓妳清楚確定，對方的要求是否與妳目前的工作有關。或許妳仔細聽了他的情況後，會發現幫助他其實有助於提升自己的工作能力。這時候，妳可以告訴對方，在不影響自己工作的前提之下，能協助他完成任務。如此一來，妳既收穫了工作能力與經驗，同時又能贏得同事的友誼。

即使傾聽對方後，發現妳幫不了他，但妳會對他的困境看得更清楚。身為非當事人，妳可以針對他的情況提出一些建議。即使沒有親自幫助對方，他一樣會感激妳。

二、拒絕要委婉，炮彈也該裹糖衣

當妳傾聽對方的原委後，認為自己應該拒絕，說「不」的態度必須溫和而堅定。即使是炮彈，也應當裹上糖衣。

情緒具有感染力，妳若是嚴詞拒絕，會引發對方強烈的負面感受。所以，當妳必須拒絕他人時，就別在情緒上，以不友善的言行火上加油。

例如，當對方的要求不合公司規定時，妳要委婉向他解釋自己的權力到哪邊，沒有辦法做這件事，因為這樣會違反公司規定。而若是妳自己的工作進度表已經很滿，則要讓對方清楚妳目前的狀況，並暗示如果幫他這個忙，會耽誤自己正在進行的工作。一般而言，同事聽妳這麼說，多半會知難而退，而不會繼續逼迫妳。

三、以對方利益為拒絕理由

拒絕時，從對方的利益出發，說明自己愛莫能助的理由。**以對方的切身利益為藉口，往往更容易說服對方**。例如，同事要求妳在一個不合理的期限內完成工作，與其費盡脣舌說明妳不可能辦到這件事，不如說服對方相信這種倉促行事的做法，對他而言並沒有好處。這種做法，同事肯定會對妳心懷感激。

四、主動關心，減少尷尬

拒絕對方之後，要表示關心，最好能提出一些建議。

有時候，拒絕是一條漫長的路，對方可能會不定時找妳，不斷提出相同要求。若妳能化被動爲主動，先關懷對方，並讓他了解妳的苦衷與立場，可以減少不斷拒絕的尷尬與影響。

當然，在妳拒絕同事時，除了技巧之外，更需要發自內心的耐性與關懷。**表現出友好和善意，是拒絕時最重要的原則**。否則，對方一旦察覺到妳其實是敷衍他，妳在同事心中的地位就會下降，人際關係也會受傷。

10 應對老闆的「軟裁員」

景氣動盪，許多企業因此面臨生存困境。「妳們公司裁員了嗎？」便成了許多職場人常用的問候語。在為數眾多的裁員故事中，有些是直截了當的辭退，也有**放無薪假、調動職位、減少工資的「軟裁員」**。

軟裁員是許多公司為了節省人力成本常用的方式之一，實質上就是公司藉由某些手段，迫使員工主動辭職——既能讓公司避免支付資遣費，又達到裁員目的。

企業的軟裁員主要手段有：減少員工福利和獎金；以升職等各種理由，為員工重新制定不可能完成的任務量，使其無法完成業績；調動員工工作崗位，使其在陌生環境中無法適應，知難而退；重組企業部門，多餘人力不安排工作，讓員工主動辭職等四種方式。

多工、掌握核心技能，遠離軟裁員

在當代，**想維持職業生涯穩定發展，就如同人的保險必須不斷「投保」**。只有平時日積月累的投入，不斷提高自己的核心競爭力，將來的身價才能扶搖直上。

我們該怎麼做，才能使自己遠離軟裁員危機呢？

一、換位思考：如果妳是老闆會怎麼想？

若妳是積極進取、善於執行的員工，任何老闆都將難以「忍痛割愛」。

這需要妳平常積極表現，定期向老闆、主管彙報自己的進修情況，談談公司發展的計畫，並與同事建立良好的人際關係。這些絕對比妳浪費時間猜測老闆的心思還要實用，畢竟老闆的心思妳是永遠猜不透的。

大多數老闆喜歡以自己爲中心，最喜歡聽自己講話，妳只要不時以「嗯」、「是」回應他，就可以讓老闆對妳產生信任感。對老闆提出意見、甚至是批評，絕對不是明智的做法，妳可以換位思考：如果妳是老闆，願意花錢請人對妳說三道四嗎？

二、客觀接受批評

受到別人的批評時，我們常不經思考，立刻爲自己辯護，找藉口說明自己是對的。有時，還可能喪失客觀的判斷力，令人覺得妳不能接受建設性的批評。尤其受到上級指責時，更會覺得難受。

所以，**我們需要不斷提醒自己維持客觀，並學會虛心接受批評**。若妳的同事和上級覺得難以與妳和氣的談話，對妳而言非常不利。最好的方法，是平心靜氣聽別人說完、自我分析之後，若覺得對方說的對，便先承認過失，這樣的態度才會受人尊敬。

三、做「多工型」員工

在職場上，**專業人士往往會成為公司裁員的首選。這些人之所以最先被裁員，是因為他們只專於某一方面，而無法多方面的工作**。因此，**在職場上妳若能成為對公司而言最有價値的「多工型員工」，比較容易立於「不炒之地」**。例如，會計師不妨學習行政管理，最好還懂點法律。如果自以爲是專業人士而不思進取，老闆隨時可以用相同薪資，僱用那些不僅與妳擁有相同專業、還懂其他領域的人頂替妳的工作。

四、讓老闆明白，妳離開是公司損失

妳要成為「當今之世，捨我其誰」的人。不過，這並不是說公司沒有妳就不能運轉，而是說一旦妳離開，公司會運轉不良，老闆裁員前就得謹慎思考。

職業專家建議，**如果妳在職場上擁有較好的資歷和好人緣，不妨招兵買馬，吸收公司的游離分子加入妳的小團體，鞏固妳在公司的地位**。這招對於一些重視營業額，或講究「班底」的行業，像是銷售、保險業尤其奏效。

從公司的角度來看，主管和人資部門會考慮妳的去留對公司造成多大影響。若公司或妳的部門將因妳的離去而蒙受損失，主管就會謹慎思考；但如果妳的主管和工作搭檔根本就不在意妳離去，眞的遇上裁員危機時，妳可能就難以保住飯碗。

五、成為核心人物

若妳平時的工作是跑業務，就應考慮成為核心銷售人員。如果妳手上掌握各個領域的重量級客戶名單，會讓妳較不容易因公司業務收縮而被裁員。即使妳服務的企業關門、倒閉，妳也比較容易找到能發揮妳專長的新工作。在經濟整體環境不景氣的情況下，銷售的重要性更顯重要。

如果妳是技術人員，就應緊跟企業發展，提高業務能力。例如，當妳的公司宣布進軍電子商務時，妳要非常清楚這將對妳產生何種影響。資訊業的裁員，有時是因爲公司業務調整，導致整個部門被裁撤。

因此，若想坐穩妳現在的位置，就必須未雨綢繆，察覺公司的戰略變化，提高業務能力，使自己能夠承擔本職以外的其他工作。

六、消極自保招：化簡為繁

公司要裁員，老闆考慮的大前提，是以最少的人力維持正常運轉。所以，很多公司會裁撤簡單、重複性的職位，由其他人兼管。

工作任務簡單、較可能被裁掉的員工，如果想保住自己的飯碗，不妨試用「化簡爲繁」的招數。其實，工作的簡單與繁複，有時可以因人而異，例如同樣是將資料輸入電腦，可以很簡單，也可以搞得十分複雜，關鍵在於操作者怎樣處理。

不過，職業專家認爲，「化簡爲繁」這招只適用於小公司，大公司分工往往較細，切勿嘗試，如果把公司電腦系統弄得亂七八糟，老闆反而會立即解僱妳。

11 拒絕男主管的曖昧

自古有「英雄難過美人關」之說。長得漂亮，絕對不是妳的錯，但身為漂亮女人，職場上一定要多留心。如果妳聰慧、出色、敬業，深受男性主管賞識，這自然是好事。可是，妳也必須留意男女之間的關係。

如果遇到男性主管的曖昧行為，或是他向妳發送帶有曖昧的訊息時，該怎麼拒絕？聰明的女人要學會巧妙拒絕，不傷對方面子，也給自己留餘地。

圓圓在一間外貿公司做行銷代理，她不僅聰明能幹，也長得漂亮，業績節節攀升，因此很受她的主管、行銷部經理偉鵬的青睞。

某次，圓圓遇到一位要求苛刻的大客戶。談判時，由於對方砍價太狠，一下子就陷入了僵局。中午休息時間，圓圓一遍又一遍研究對方的資料，找出對方的弱點，並以自己的認真和敬業感動對方。

最後，花了整整一週時間，圓圓終於和這位客戶達成協定，拿到一份金額龐大的訂單。偉鵬邀她吃晚飯，說要慶賀她成功拿下這筆訂單。

圓圓心裡充滿成功拿下訂單的喜悅，便毫不猶豫的答應了。她本來以為還會有其他同事，直到抵達餐廳，才發現只有他們兩個人。圓圓有點尷尬，但也沒多想，兩人天南地北聊了很多。她第一次發現經理是個非常幽默的人，總是能把她逗得大笑。

吃完飯後，偉鵬說時間還早，邀她去酒吧跳舞。圓圓先是推辭，後來禁不住對方的催促就答應了。那個晚上，他們玩得很愉快。

後來，偉鵬便經常請圓圓吃飯、去酒吧喝酒、打保齡球等，理由大致都是慶祝圓圓的出色表現和業績。圓圓有時並不想去，但看到偉鵬誠懇的眼神，又想到他是自己的上級，便不好意思拒絕。而偉鵬每次出差，都帶些別緻的小禮物給她，自然逃不過外人的眼睛。

時間久了，圓圓便發現背後有人指指點點，私下議論她和主管之間的關係不單純，其中不乏出於妒忌圓圓工作表現的人。

偉鵬聽說這件事後，只是淡淡一笑。但圓圓苦惱不已，她相戀三年的男友聽到傳聞後，也對她心生懷疑。她由於工作常常要加班，經常不得不推掉與男友的約會，而他揣測好強的圓圓一定是利用了主管，才能做出如此傲人的成績。圓圓怎麼解釋都沒有用，於是兩人大吵了一架，不歡而散。

拒絕並非總是壞事，但有技巧

在工作中，我們雖應服從上級的安排，但其他方面要學會以誠相待，該拒絕時就拒絕。其實，**拒絕主管並非一定是壞事，有時反而能讓上級發現妳的成熟和個人尊嚴，讓他對妳產生敬重之感，有助於抬高妳在他心中的地位。**

只是，**拒絕時要委婉，替對方留面子。不妨先給他戴頂高帽，迫使其打消邪念。**例如，在談話中先恭維對方，給他一個響亮的稱號，從而使對方於盛名之下難以胡作非為。此外，妳也可以找藉口，例如說今天身體不舒服，或是已經約了朋友等。如果妳實在沒有勇氣拒絕男性主管的邀請，那麼還有一招——帶著朋友、同事一起出席，讓對方碰軟釘子。

若是妳有足夠勇氣，則可以坦誠和對方談談，說明這種往來帶給妳的煩惱與困擾。如果對方眞的沒有非分之想，他肯定會理解，並爲妳多加設想。而如果他的確心懷不軌，妳就更該義正詞嚴的拒絕，千萬不能爲此丟了工作，又丟了名譽。

第七章

幸福一生的密碼

1 管理衣櫥的智慧

妳是否也有「衣櫥裡永遠少一件衣服」的煩惱？

有趣的是，當全世界女人都在爲那「永遠少一件」的衣服努力敗家的同時，法國女人總有辦法成爲每年全歐洲服飾和化妝品消費最少的族群。她們花的錢雖然少，打扮起來卻永遠優雅、美麗、有品味，甚至成爲全世界的時尚指標。

她們並非個個都有演員蘇菲．瑪索（Sophie Marceau）的姣好容顏、魔鬼身材，卻幾乎都懂得透過服裝、造型，呈現出自己最好、最美的一面。關鍵就在於「少即是多」，以智慧打扮自己。

在高雅品味和有限金錢之間取得平衡，的確需要智慧——了解自己的智慧、選擇服飾的智慧、富含美學的搭配智慧，以及管理衣櫥的智慧。這種智慧必須學習，也絕對可以學得會！

美國一位世界知名形象顧問曾說：如果一個人想成爲上流社會的一分子，若不藉由學習，而是耳濡目染，至少要十年才有辦法穿得像個上流社會人士。我們不一定有機會可以這麼長時間，和上流社會的人朝夕相處，因此**如果想穿出品味，最快速的方法就是學習！**

建立自己的審美觀與色彩搭配

在漂亮衣服面前，冷靜判斷、理智分析很重要。一般而言，**穿衣有三層境界：第一層是和諧，第二層是美感，第三層是個性。**

一、基本款與經典款，一定要有

購買服裝時，妳可以根據以下三個標準選擇，不符合其中任何一個條件者，就別掏出錢包：

（一）妳喜歡的！

（二）妳適合的！**衣服和情人一樣，適合自己的才是最好**。

（三）掌握妳重視品牌的程度，否則很容易讓妳只在意外表，而忽視了內在。

即使妳可能不會每天都洗衣服，但也需要每天都更換，比起一套衣服連著穿三天，一週輪流穿兩套衣服，更讓人覺得妳整潔、有條理。

此外，一件有質感的白襯衫，絕對是妳衣櫥中不可或缺的單品，沒有任何衣飾能比它更千變萬化。

每季都會有新的流行元素，但不要盲目跟風，這樣反而容易讓妳失去自己的風格。買新衣服的關鍵，是購入耐穿、耐看的經典款式，而在其中加入一些當季流行元素，讓妳不顯得沉悶，也不會看起來跟不上流行。

二、找出屬於自己的顏色

女人應該花點時間和精力，學習服裝的搭配。這樣一來，妳不僅能以十件衣服穿出二十款搭配，還能鍛鍊出妳的審美品味。

其實，每個人都有適合自己的顏色，仔細觀察，妳會發現與自身膚色相生或相剋的色彩有哪些。找到屬於自己的顏色，打扮起來就會更顯好看。妳可以從生活中觀察，同一個人搭配某些顏色，會讓她顯得光彩奪目，而有些顏色卻讓她顯得黯淡無光、疲憊不堪。色彩與人之間的搭配，有著微妙的關係，需要妳多觀察與練習。

可是，**大多數女性關注的，往往是服飾之間的色彩搭配是否適宜，卻忽略自身膚色與服飾的色彩搭配問題**。不論衣服、飾品搭配得再合宜，倘若與妳的膚色不和諧，也不會有好的效果。

因此，**妳要找到屬於自己的顏色，再選擇適合自己膚色的服飾和妝容，這樣才能讓妳看起來清新、有活力**。一定要記得，衣服最終是要穿在妳身上，而不是穿在白色或黑色的塑膠模特兒身上。

三、穿出個性

時尚發展到今日已臻成熟，體現在全身、完美的搭配，而非單件的精彩。衣服僅僅是第一步，妳也要在預算中留出一部分給配飾。

此外，**建立起自己的審美方向和色彩體系，而不要讓衣櫥成為全彩王國**。妳可以選擇黑、白、米色等基礎色系，當作日常著裝的主色調，飾品上則選用活潑的色彩，這樣有助於建立自己的風格，讓人留下深刻印象。

2 培養自己獨特的魅力

妳是否也曾覺得，生活中見過的某個女人很有魅力——儘管不算是漂亮，卻非常吸引人呢？到底是什麼樣的女性魅力，會讓人著迷？其實，這種女性魅力就是男性眼裡的女人形象。

有魅力的女性，言談舉止都大方得體、恰到好處，和她一起工作或聊天，感覺輕鬆舒服，甚至覺得對方有種無法形容的吸引力，讓人忍不住在她身邊多待一會兒。

女性魅力的四個關鍵字

談到女性所散發的魅力時，一定離不開以下四個關鍵字：

第一，氣質。一個人的眞正魅力，主要在於他特有的氣質，這種氣質不論對同性或異性都具有吸引力，是一種內在的人格魅力。

對女人來說，氣質是一種永恆的誘惑，**因為氣質靠的不僅是外貌，還要擁有智慧與常識**。大多數男性都喜歡與有氣質的女人相處，因爲這種女人讓人既有視覺上的好感，還有一種吸引人的力量，能不斷的感染對方。

第二是風度，這讓人擁有某種神奇的光環。現代女性對高雅風度的追求，體現她們掌握自身風姿、格調的高超控制能力。而風度的美，就美在自然、不做作。「清水出芙蓉，天然去雕飾」便是展現這一審美觀點。

第三，母性關懷。這會讓與女性相處的人——特別是男人——感受到溫情。例如，當女性替人夾菜的瞬間，可以讓對方感受到近似於母親關懷的情感。

第四，則是獨特的品味。現代女性的審美觀，強調個性與自信。所以，如何由內至外穿出自己的獨特品味，展現個人風采與魅力，在舉手投足之間牢牢吸引眾人目光，是身爲現代女性必修的內外美學。

有人說，有魅力的女人就是漂亮的女人，這樣的看法其實很片面，因爲我們碰到有魅力的女人，不見得都是大眾認定的漂亮。事實是，每個女人有自己的優勢和特點，如果能將其發揮得恰到好處、收放自如，就能形成與眾不同的魅力。

成為女人中的精品

我們該如何培養出自己獨特的魅力，成為精緻的女人呢？

一、溫柔，女性才具備的特質

溫柔是女性最動人的特質之一。

女人，即使在條件上並非十全十美——可能學歷不高、廚藝也不怎麼好、動作笨拙不細膩、長相很普通——只要個性溫柔，說起話來輕聲細語，就足以讓男人陶醉。

女性最大的特色，就在於她們具有男人所缺乏的溫柔。溫柔，是女人的骨子裡散發出來的獨特氣質，足以讓男人一見鍾情。在男人眼中，女人的溫柔遠比其他特點都可愛。溫柔的女人，無論走到哪裡都會贏得眾人目光。

二、成熟女人都懂得寬容

愛發牢騷的人，心態上較爲急躁，很容易讓別人反感。與同事相處時，往往吃力不討好；而在家裡，則容易和家人吵架。此外，急躁甚至會影響妳的外表，讓妳臉上長皺紋。

寬容，是成熟女人的標誌。處處寬容，並不代表妳軟弱，也不是面對現實的無可奈何。人生短暫，別把時間都花在與人計較。學會寬容，意味著妳會更加快樂。寬容可說是讓女人最有魅力的財富。

三、培養藝術氣息與時尚品味

由內而外散發出的文化氣質，會讓女人更有魅力。一個完美的女人，僅僅擁有外表上的華麗和高貴太過膚淺，妳還需要豐富的內涵，也就是文化修養。閒暇時，多看一些有關時尚、品味、流行話題的雜誌和電視節目。了解色彩、藝術的知識，感受它帶來的樂趣。

此外，了解流行趨勢、聽流行歌曲和古典音樂等，也能提升妳的審美觀和藝術氣息，還能提高自己看待生活、看待事物的眼光和品味。

四、學會自我欣賞

根據不同場合化淡妝、使用香水、服裝精緻得體、舉止優雅、見識豐富、表情謙遜溫和，這些都顯露出女人的高貴氣質和個人魅力。

精緻的打扮，不代表非得穿戴名牌不可，價格也不是決定裝扮是否精緻的唯一標準。其實，妳不用花大錢，也能打扮得入時且恰到好處。

女人若能正確的自我欣賞，便會展現出聰明靈慧、出類拔萃的一面，既不自卑，也不自大。自我欣賞絕不是自戀，而是因為理智、客觀的認識自己而散發出的自信。

這種自信心能使妳表現從容、大度，而不陷入世俗的旋渦中。

五、善良就有魅力

即使妳長得不算很漂亮，即使妳內心孤獨，即使妳曾受過傷，都仍應心存善良。

女人不是因為外表美麗才可愛，而是因為善良內心才美麗。

善良的女人不會輕易怨天尤人，也不會滿腹牢騷；善良的女人善解人意，在體貼、關心別人的同時，自己也心安理得。隨著時光流逝，每個人容顏都會逐漸老去，但只要心存善良，妳就會永遠有魅力，一生受人敬重。

六、做個快樂女人

當個漂亮、能幹的女人當然很好，但**真正能打動人心的，是快樂的女人**。

妳可以觀察身邊漂亮、能幹的女性，她們的生活很難快樂——對生活感到不滿，或爲了追求更高成就，而丟失許多快樂。

快樂的女人知道怎樣熱愛生活，知道怎樣讓生命更有意義，也更容易知足。現實中，充滿欲望的女人很多，但欲望太多的女人不容易快樂！

以上幾點若要全部做到，且做得收放自如，其實並不容易。但是，我們可以先把目標放在做到一半，這樣已能爲自己增加不少魅力。

如果妳認爲自己基本上都做得到，恭喜妳！妳已經將自己修練成魅力十足的女人，可說是女人中的精品了。

3 最能打動人心的，是快樂的女人

想獲得男人的喜歡，就得知道他們的思維。聰明的女人懂得利用男性思維，讓自己成爲能夠吸引異性目光的女人。

那些讓男人們心醉、著迷的女人，到底怎麼做到的？

一、逃跑型：讓他追得有成就感

女人要具備怎樣的特質，才受男人喜歡？若是表現可靠、充滿愛心，往往不來電；但**若是表現得難以捉摸、善變，就容易迸發激情**。不過，女性要記得別善變到令對方反感、乃至於絕望的地步，這其中的分寸如何拿捏也是一門學問。

也許妳會覺得，這樣談戀愛簡直是找罪受！可是，男人們不會這麼想，他們甚至認爲這樣的戀愛談起來才開心。經典電影《亂世佳人》（*Gone with the Wind*）中，女主角郝思嘉（Scarlett O'Hara）就是這樣風情萬種的女人，她不費吹灰之力，就讓眾多男子拜倒在她的石榴裙下，但她根本無視他們的存在，連正眼都不願看。而男人對這樣的女人卻趨之若鶩，好女人恨得牙癢癢的，卻一點辦法也沒有。

二、敢愛敢恨型：讓男人心醉神迷

俄國小說家列夫．托爾斯泰（Lev Tolstoy）筆下的安娜．卡列妮娜（Anna Karenina），是個典型的「壞」女人。說她壞，是因爲她身爲母親、有夫之婦，卻愛上年輕軍官佛倫斯基（Alexei Kirillovich Vronsky），成了背叛家庭的女人。

安娜之所以令佛倫斯基神魂顚倒，就在於她敢愛敢恨，爲了體現愛的價值，她不顧一切，衝破當時種種禮教的禁錮，在佛倫斯基面前散發誘惑，並眞誠而執著的將這種誘惑兌現成無畏的愛。

從人性角度來講，儘管安娜背叛了家庭，但她在本質上體現出女人的美：嫵媚而不失眞摯，渴望而不乏優雅。雖然她帶來許多煩惱，卻給對方不含雜質的愛。

在我們生活中，不乏像安娜這樣的女人。她們一旦找到愛的感覺，就會不顧一切的朝那個方向奔去，從男人那裡尋找自己身爲女人的價值。這樣的女人愛得有力量，也有刺激。同時，她們往往不輕易動情，而是靠第六感，她們跟大多數男人打交道、面對種種進攻時，會依據本能拒絕不是愛的愛。然而，一旦碰到她認爲是愛的愛，平時埋藏心底的愛就如地下岩漿似的噴發，哪個男人能抵擋得住這種由柔情、激情、痴情匯成的愛流呢？

三、玩伎倆型：讓男人追求妳

一九九三年曾轟動一時的中國電視連續劇《過把癮》，女主角杜梅是個在愛情裡喜歡玩點小伎倆的女人。她邀請男友到舞廳，而當男友徵詢她同意後，被前女友邀進舞池跳舞時，她的愛意轉變成醋意，便邀一位陌生男人跳舞，並故意顯得很親熱的樣子，想以此刺激、報復自己的男友。不料男友沒被刺激，她自己反倒生氣。

稍微聰明的男人，大概都能識破女人這種可愛的「小伎倆」。說可愛，是因爲**女人耍盡伎倆都只是為了一個目的——看看男人是不是真的愛她**。只要了解這一目的，問題就解決了，因爲這些伎倆都表示她深愛對方。

這種女人會藉由無數的生活細節、話語、姿態等，想辦法引起男人時時刻刻關注她，男人往往就因此落入女人懷抱。**這是「壞」女人之所以動人的原因，因為她們懂**

得如何調動男人的追求欲。

四、以守為攻、以柔克剛型：令男人好奇與同情女人，把自己「弱者」的形象推到極致，用這種手法博取強者男人的撫慰與呵護。

現實生活中，男人大多是以強者的姿態出現在女人面前。於是，就有一種「壞」妳可能也經常碰到這種女人。遇到帥哥或心儀的男人時，她會說：「你怎麼可能會喜歡我這種人，對吧！」、「像我這種不起眼的女人，有誰會注意我？」把自己說得可憐兮兮，扮演一個柔弱的女人，激發男人天生的好奇心、同情心，與充當「護花使者」的虛榮心。

而這種激將法的誘導，男人很容易上鉤。男人出於好奇，邀約她第一次，就會有第二次、第三次……聽女人傾訴、哀怨後，便又在同情心的驅使下，幫助對方趕走孤寂。等到女人不孤寂了，他也差不多成爲忠實的護花使者。

這種女人**以守為攻，以柔克剛，把「柔」的情意和「弱」的形態，全拋擲在男人面前**——若是個男人，就得有紳士風度，見到柔弱女人卻不好好呵護，還稱得上是男人嗎？

而她們這種以守爲攻的方式，又極其曲折隱晦。例如，她在男人面前表現自己很孤單的樣子，卻又與對方保持距離；她在男人面前示弱，卻又推開男人的保護與熱情。這種種行爲，就爲男人製造了想像空間，而她們的動人之處也藏在其中。

4 關於承諾，男人總是非常慷慨

香港歌手莫文蔚的歌曲〈盛夏的果實〉中，有句歌詞這樣唱：「也許承諾不過證明沒把握。」在感情中，有些男人非常擅長承諾，讓女人相信他們。因爲他們知道，女人十分注重感情的安全性，總是希望在感情中找到安全感。而既然女人有這種需要，隨口說出的承諾又不需要花錢，男人往往輕易就向女人許下承諾。

正如這句歌詞所說，**他善於給妳承諾，是因為他自己對感情沒有把握**。如果他說「妳是我這一生最深愛的人」，這就說明他知道這是最有效哄妳開心的方法。當愛消逝時，承諾就只是個不負責任的謊言。眞正的愛，就算沒有承諾也可以長久！

聰明的男人懂得如何許下承諾。他們對女人的諾言是：「我從來不會對任何一個女人許下諾言。」女人聽到這句話，往往覺得這個男人坦誠、不虛僞。於是，女人更用心愛他，希望男人會爲她一個人而改變。

男人的承諾很慷慨，但不見得會實現

在這個時候，女人會認爲男人眞心愛她，是因爲他肯爲她許下諾言。然而，他許下的諾言眞的會兌現嗎？其實，男人的諾言只不過是出於一時的心情，不管他說得多麼信誓旦旦，也不過是哄妳開心的手段。

男人說喜歡妳，不代表他愛妳；男人說愛妳，不代表他就會和妳結婚；男人說要和妳結婚，也不代表他會一輩子對妳好。

對於承諾，男人總是非常慷慨。男人可以許下不計其數的承諾，真正兌現的卻寥寥無幾。男人知道，女人的愛情離不開承諾。女人會守著一個承諾而毫無吝惜的付出，男人因此會許下各式各樣的諾言。

男人的承諾很動聽，但他們知道，需要實踐這些承諾的機會很少。男人期望女人被感動、記掛著他，因而許下承諾；時日漸遠，往往女人沒有忘記，男人自己卻忘記了。如果妳對男人不夠了解，就別輕易相信他的承諾，否則帶給妳的只是無盡傷痛。

5 他的過去，別太在意

有人說，婚前要睜大眼，婚後要睜隻眼閉隻眼。所謂的「閉隻眼」，就是對事不要過於認眞。任何事情都有它的模糊地帶，男女相處也不例外，若是太過計較以前的事，只會讓妳們的關係產生裂痕。但是，許多女性都想把另一半的過去了解得清清楚楚，最後反而是自己不愉快。

男人和女人都有「過去」，特別在感情方面，總有些個人的隱私。無論男女，都不要觸及對方的過去，彼此之間要無條件的信任。過去的就讓它過去吧！有些事情，不知道或許比知道更好。

我們要做的，是成熟、大度一點，不要總是斤斤計較，這樣的女人才有魅力。聰明的女人會在適當的時候，讓對方感受到自己的成熟與氣度。

為什麼要挖掘另一半的過去？

我曾聽過一個例子：女孩無意中在電腦裡發現男友的前女友照片，便緊緊抓住男友這個「過去」不放，並對他惡言相向，攻擊、諷刺他過去的女友。這讓男孩覺得很沒面子，最終不堪忍受，選擇與女孩分手。

爲什麼要問對方的過去？也許，女人都有一點窺探他人過去的好奇心，這是女人吃醋的一種表現。嫉妒心展現出她在乎這個男人，也說明她的沒自信，導致占有欲太強烈。而且，對於目前占有對方的狀態她仍不滿足，心裡認爲她也應該獨占對方的過去，想永久占有對方。

男人，都希望做女人的第一個男人；女人，都想當男人的最後一個女人。**女人雖然想當男人的「感情終結者」，然而矛盾的是，她們會像考古學家一樣好奇，對男人的過去永遠有難以言喻的探索興趣。**

當女人輕聲細語對男人說：「親愛的，我不希望我們之間有任何祕密。」她眞正的意思是：她可以不對你坦白，但你對她絕不能有所隱瞞——快把你從小到大接觸過女性的經驗都供出來！小至念幼稚園時偷掀隔壁班女生的裙子，大到約會兩次被甩掉的丟臉事蹟，都得向她據實以告。

她對天發誓：「我絕對不會生氣，因爲那都是過去的事了。」她這句話的意思是：如果你的過去像白紙般純潔，她就不會生氣。

她說：「你坦白告訴我就沒事，我最痛恨別人騙我。」坦白從寬，抗拒從嚴！但招認過後，你才恍然大悟：她的「沒事」原來說的是「楣事」——你要倒大楣啦！

小靜的男友英俊、時尚、體貼，人緣又好，所以小靜總是很擔心，哪天會突然跳出一個女人，把她的男友搶走。

有次，男友打完籃球比賽後，小靜看到一個女孩走過去，遞給他一瓶水。小靜很傷心，而男友解釋：「那只是我以前的同學而已。」小靜不相信，繼續追問。男友無奈承認：「其實，她是我的前女友，我們交往了一段時間，但兩人都發現對方不適合自己，還是做朋友比較好。」

這個回答讓小靜更生氣，她醋意十足的說：「既然是前女友，你們的感情一定比我們深吧？我是多餘的，我走！」男友連忙說：「我只喜歡妳而已，我跟她真的沒什麼。」但是，任憑男友百般解釋，小靜始終不肯原諒他。

朋友勸小靜：「妳男友對妳是真心的，他從來沒有和哪個女生有過度的親密動作，是妳想太多。」小靜則非常委屈的說：「我哪有錯？誰叫他以前有那個女朋友呢？都是他不好！」

過了一段時間，兩人終於和好了。男友以為已經沒事了，但小靜常常沒來由生他的氣——她總是一邊哭，一邊責備男友對自己不夠真誠。男友內心感到十分委屈，慢慢變得沉默寡言、垂頭喪氣。

感情正如手中的沙，抓越緊漏越多

比起男人，女人更熱衷於翻舊帳。一方面是因爲女人對於具體事物，往往比男人更能記住細節，看似雞毛蒜皮的小事，在女人的記憶中很清晰、生動，於是更容易信手拈來當作吵架的論據；另一方面，女人的思維是點狀、發散的，總是能將很多在男人眼中完全不相干的事情一個個牽連起來，而讓男人們不知所措。

有位太太意外發現丈夫在外面有個情人。為此，太太極為憤怒，大哭大鬧一番。丈夫覺得十分內疚，便和情人分手，並向太太表示以後再也不會見異思遷。可是，太太始終不肯原諒丈夫，三不五時拿這件事出來邊哭邊罵，丈夫逐漸變得沉默。

太太的非難沒完沒了，丈夫感到委屈萬分。有人勸這位太太：「妳丈夫確實不對，但妳難道就沒有需要反省的地方嗎？」這位太太聽了，非常詫異：「我哪裡不好？是他背叛了我，都是他不好！」

這位太太從來沒有想過自己可能也有過失，例如對丈夫不夠體貼、不和丈夫交流感情，或是家中有什麼事情沒處理好，總怪罪給丈夫等。在旁人看來，丈夫已經認錯且悔改，這位太太卻不時拿這件事刺痛對方，那麼即使丈夫不再見異思遷，他們也不可能再幸福、和諧的過生活。

翻男人的舊帳、拿陳年往事當作吵架的證據，不但無助於解決眼下的矛盾，還容易把問題複雜化，且當新帳和舊帳糾纏在一起，會更加深怨恨。戀人爭吵最好就事論事，不牽連其他問題，這樣才能化解衝突。

感情正如手中的沙子一樣，抓得越緊，它就漏得越多。要正確掌握感情的鬆緊度，適當的放鬆是為了擁有。男人就像風箏，飛得高或低，總是由妳掌握，該放就放、該收就收，而不能像蛇一樣，把他緊緊纏得動彈不得，直到窒息。一份完美的愛情，需要雙方互相尊重和理解。

不要總是回顧過去，也不要追問對方以前有沒有談過戀愛、有沒有交過女朋友，這些話題其實一點意義都沒有，好好珍惜現在不是更好嗎？給對方一點空間，也讓自己心情舒暢，整天胡思亂想不僅老得快，更會傷害兩個人的感情。

聰明的女人若想與另一半感情更好，就別太在意他的過去，好好珍惜現在！

6 給另一半留點面子

對某些男人而言，他可以忍受自己受到各種重創，唯獨不能忍受面子受到傷害。他們心裡的原則，就是頭可斷、血可流，面子不能丟。

古代西方男人常常與人決鬥，甚至不惜付出生命的代價。表面上看似爲了女性，實際上則多半是爲了自己的面子。

所以，女人要了解男人這種心理。該給他面子時，一定要給足，這樣的女人不僅能贏得男人的寵愛，也能營造和諧的伴侶、夫妻關係。

許多女人喜歡丈夫對自己唯命是從，認爲那是他愛自己的證明，於是讓許多男人都成了「妻管嚴」。但是，**聰明的女人應該明白，男人怕妳是因為愛妳，但不代表他就不在乎他的面子**，如果妳在他朋友面前讓他下不了臺、丟盡面子，就是犯了大忌。請記住，「妻管嚴」只適合在妳和他兩人獨處的時候。

許多男人都視面子如生命，即使是那些在家裡毫無地位的男人，一旦站在他人面前，都要充當男子漢。沒有任何一個男人會說自己在家事事都聽妻子的，那樣有損他身爲男人的尊嚴。

但有許多妻子並不了解男人這種心理，有時不自覺就把私底下相處的威風，拿到大庭廣眾之下展現，顯示自己對丈夫的管束權威。若妳這樣做，可能會使男人狼狽不堪，進而引起他的反感、抵抗，甚至成爲家庭矛盾的導火線。

誰都不希望自己的面子受損，男人尤其不希望讓自己沒面子的那個人，就是自己的另一半。在愛人面前，男性的自尊往往最強烈，若妳對他惡語相向，這比其他任何事的殺傷力都還要大得多。

善用男人愛面子的弱點，展現妳的好眼光

對外給另一半留點面子，是女人的美德，也是女人的智慧。在朋友聚會或是公開場合上，妳說話時一定要注意另一半的面子問題，留給他三分面子，他會還妳六分感

激、九分尊重、十二分的喜愛！

我曾看過這樣一則笑話：

某天，一位男士對著別人吹牛，說自己在家裡有絕對的權威，自己說什麼太太都得聽。他還比喻：「在家裡，我是老虎！老婆看到我就像隻乖貓。」

正說到這裡，突然有人拍拍他的肩膀。他轉身一看，臉色唰的變白了。原來，他太太不知道什麼時候來了，正站在他的背後，怒目相視。

太太瞪著他問道：「你剛才說什麼？你是老虎？那我是什麼？」丈夫十分難堪的說：「我是老虎，妳是武松啊！」太太這才滿意：「這還差不多！」

在場眾人哄堂大笑。這個怕老婆的男人滿臉困窘，臉色紅得像要燒起來。

聰明的女人知道當眾挖苦另一半是再愚蠢不過的行爲。在什麼場合、什麼時候該給丈夫一點面子，把握這種分寸可說是一種藝術。

有客人在場時，聰明的女人懂得給足丈夫面子。但有些妻子沒有這麼聰明，她們習慣對丈夫頤指氣使，結果嚴重損害丈夫的自尊心。

例如，有些女人會當著重要客人的面前支使丈夫：「把我的衣服拿來！」這就讓丈夫很爲難：不拿，怕得罪妻子，因爲平時妻子就是這樣支使自己的；去拿，在客人面前又顯然有些失面子。

聰明的妻子則不會這樣做。即使她們平時習慣支使丈夫，但只要有人在場時，她們就會爲丈夫的面子著想，自覺做出平等相處、互敬互愛的樣子。哪怕只是爲了給人看，也是有益的，丈夫會因爲妳幫他留了面子，而更加愛妳。

此外，有客人在場時，妳千萬別嚴詞反駁自己丈夫的觀點，這會讓他們很狼狽。聰明的女人要做到兩點：第一，**千萬不能在有第三人的場合，批評妳的另一半**，哪怕他錯得多麼離譜。其實，他要是眞的錯了，回到家裡慢慢再教訓他即可。不過，別指望他每次都會承認自己錯了——這是男人的面子、男人的尊嚴。妳得學會拿捏適度的分寸，既要讓他知道妳的厲害，也得給他保住面子。

第二，**我們不僅不損傷他的面子，甚至要利用他這個弱點，經常在人前人後誇獎他們**。更何況，**展現妳另一半的優點，等同於顯示妳的好眼光，也會讓妳很有面子**。

因爲不給男人留面子，而導致感情無法挽回，最終以分手、離婚收場的事經常發生。畢竟在男人的世界裡，假使愛情和他們的自尊相抗衡，他們往往會選擇後者。

7 他積極進取，妳當然也要

著名的德國哲學家弗里德里希．尼采（Friedrich Nietzsche）曾說過：對男人，連最甜的女人也是苦的。如今，這句話對女人也同樣適用。在與成功男人的愛情中，越來越多女人嘗到了甜中的苦澀。

如何攻略積極進取的成功男人？知己知彼，百戰不殆，以下就談談他們的特點。

成功男人的特點

一、永遠有目標

男人是目標取向的動物，而成功的男人更會有自己的理想目標。目標是成功的先導，也是成功的動力。但同時，有目標的男人也容易過分理智。

若妳愛上一個這樣的男人，妳在愛上他的成功時，也要接受他的理智。即使他非常愛妳，妳也不可能成爲他永久的目標，一旦妳被攻克後，他又會恢復先前的理智，並準備在其他目標上更往前邁進。

二、有毅力，因此更需要釋放

成功的要素不在人的智慧，而在於人的毅力，一個成功男人更是如此。毅力是持之以恆的決心，加上百分之兩百的專注。正因如此，一個成功男人在奮鬥之餘，才需要更多的釋放。

若妳愛上一個成功男人，別忘了：**對於普通男人來說，營造出輕鬆感或許是女人可有可無的能力，但對一個成功男人而言，這是女人必備的技巧**。

三、他積極進取，妳當然也要

對普通男人而言，進取或許是天性；但**對一個成功男人來說，進取則是勝於天性的自覺行動**。一個進取的男人有著大於一般人的可變性。**若妳愛上一個成功男人，妳也得不斷進取**。

四、孤獨是他的世界

通常，孤獨是奮鬥的原因，也是奮鬥的動力。唯有經歷過孤獨，人才能挖掘出自己最優秀的潛能。所以，**一個成功男人，必定是耐得住孤獨的戰士**。

若妳愛上了這樣的戰士，妳得明白：**自由對他來說不只是需要，而是他的世界**。

成功男人的渴望

一、能夠理解彼此的交流

和普通男人一樣，成功男人也渴望與異性交流。

女人心目中的交流大多是抽象的，而男人心中的交流大多具體；女人感興趣的，多半是事情的內容，而男人感興趣的則多半是事情的本質。所以，在雙方交流中，女人偏向多話，男人則較爲寡言。

成功男人渴望的交流，重點不在於妳和他說些什麼，而在於彼此能夠聽得懂。

二、認同與讚美

理解分爲高層次和低層次：低層次理解是一般認同，而高層次理解是認同加讚美。成功男人肩負著更多責任和風險，唯有讚美能使他化沉重爲輕鬆，讓他把這份認爲自己得扛下的責任，變成妳們共同努力的事業。

三、請給他自由

男人熱愛自由，成功男人尤其如此，這對他們來說不僅是需要，而是他的全世界。唯有自由，能使一個人的潛能發揮到最高極限。

四、力量和柔情

女人都知道男人需要柔情，但並非所有女人都能理解男人心目中的柔情。淺層意義上的柔情，可以理解爲千嬌百媚；但**深層意義的柔情，需要以力量為內在支撐**。對於成功男人而言，沒什麼比得上女人在身旁帶給他的力量。尤其當成功男人落難之際，飽含力量的女性柔情不但是他的避風港，更是能讓他再次奮起的信念。

8 愛情沒有最好，只有最適

妳或許也見過這樣的景象：帥氣的男子牽著相貌普通的另一半、美麗耀眼的女性依偎在外表毫不起眼的丈夫身邊、精明能幹的女性經理與老實的小學老師結婚……。

這樣的組合乍看令人驚訝，但最令人吃驚的是，那些看上去似乎並不相配的夫妻，竟然過得很幸福美滿，能白頭偕老，這是爲什麼呢？原來，他們有這樣的心態：**也許我不是最好的那個人，但我是最適合的。**

什麼是愛情？哲人說，**愛情就是當妳知道他並不是妳所崇拜的人，也明白他有著種種缺點，卻仍然選擇了他，並不因為他的缺點而放棄、否定他的全部。**

如果有個人在妳心中絕對完美、沒有一絲缺陷，妳敬畏他卻又渴望親近他，這種感覺不能叫做愛情，而是崇拜。崇拜需要創造偶像，但愛情不需要，愛情是眞眞切切能用手觸摸、用心體會的。

感情中「落選」，是因為不適合，而非妳不好

每個人都希望，自己的另一半是最適合自己的。即使妳條件很好，有如仙女下凡，但對方若自認爲高攀不起，也只會敬而遠之。成熟的人尋找終身伴侶時，不會找那些條件最好的人，而是尋找那些「最適合自己的」。許多在感情中「落選」的男女，多半是他們不適合，而非因爲他們有什麼不好。

雖然俗話說：「男怕入錯行，女怕嫁錯郎。」女人當然不一定要找個優秀的成功男人，但若想成爲幸福的女人，就一定要和那個最適合自己的男人在一起。

最適合妳的那個男人，不一定長得好看、有錢或是事業成功，畢竟錢、權與婚姻幸福，並不一定成正比。這個最適合妳的男人，在妳眼中必是有魅力的男人。他也許經濟條件沒那麼好，但身上散發成熟穩重的男人氣息、對目標的追求與執著、看待事情的從容等，讓妳深深著迷的特質和內在魅力，才是妳最該珍視的。這種男人，外面並不需要罩著一層虛榮的成功男人光環。

理解自己與另一半有多適合彼此，會讓妳擁有優越感。當妳知道妳的另一半，最重視、喜歡妳的善良時，妳對自己的容貌焦慮就會降低，哪怕他周圍美女如雲，妳也

能充滿自信的對他說：我是最適合你的！

一時賞心悅目，可能換來終身的後悔

而若是妳發現，妳與另一半最重視的特質並不相符時，妳也能及早從沉迷中甦醒，從而避免不幸的愛情、甚至不幸的婚姻。

佳寧與男友曾有過一段甜蜜的時光。然而，男友長期在外跑業務、出差，兩人聚少離多，漸漸的，佳寧對他們的感情產生了不安。男友出差往往是一、兩個月，無暇顧及她；佳寧也無法忍受長時間的分離，她發現自己更希望與另一半過著平平淡淡、朝夕相守的日子，也希望能早點結婚、生子。

她與朋友談起這個話題時，經常說：「即使他為了我們的感情，而選擇不再到處跑來跑去，我們今後也未必幸福。讓他放棄熱愛的工作、待在我身邊，會使我有種歉疚感。」

該怎麼做才能讓妳從踏上愛的小船起，就不失去自我？方法只有一個：選一個最適合妳的人，然後眞心的愛他。

尋覓最適合自己的男人，千萬別把眼光只放在他的身高和長相，而是要認眞的看見他的內在。**一時的賞心悅目，可能換來終身的後悔**。

妳可能是個工作能力很強、很強悍的主管，條件很好，但不適合當他的妻子，因為他喜歡溫柔安靜的女人；也許你是個學富五車、溫溫呑呑的學者，條件很好，但不適合當她的丈夫，因為她喜歡果決、行動力高的男人。兩個優秀的男女，因為不適合彼此，組成一個傷心的家庭；一對平凡的夫妻，卻因為條件相互吻合，而能擁有一段幸福的婚姻。

戀愛要浪漫，但婚姻很現實，需要幾十年生活在同一個屋簷下，同甘共苦、患難與共。因此，生活在最適合自己的愛人身邊，就像倦鳥找到歸宿，妳才會有自我價值被肯定的成就感。其中的祕訣，就在於妳是否發現了兩人的合適性。

9 婚姻之癢

許多女人在婚前聰明、獨立，充滿了吸引異性的魅力。可是，步入婚姻後，就以爲自己不需要再費盡心思顧及丈夫的眼光，而成了丈夫的附屬品。婚姻中各種瑣事，磨平了她們原本稜角分明的個性，但她們丈夫的眼睛，沒有停止對美好事物的獵取。

有些女人在婚姻的前幾年，還保持著對丈夫的吸引力，但日子一久，丈夫就越不關注她們。也就是說，他們碰到了「婚姻之癢」。

婚姻之癢的出現，說到底是夫妻雙方的吸引力消失。若想避開婚姻之癢，身爲妻子的妳需要提升吸引力、不斷創造新鮮感，帶給另一半一種全新、美好的心理感覺。

孔子曾說：「吾未見好德如好色者也。」德國詩人約翰·歌德（Johann Goethe）說：「不斷昇華的自然界最後創造物，就是美麗的人。」人類最熱愛、最能觸發激情的視覺對象，就是美麗的人。

打扮讓自己開心，也讓別人舒心

美是愛情親和力的重要因素之一。這是漂亮女人能先得到男人的好感、引起遐思，讓人第一眼就產生好印象的原因，也正是漂亮女人與生俱來的資本。

雖然男人找對象並不見得都以相貌、身材爲第一標準，但不可否認的是，女人的姿色對男人來說，具有很強的吸引力，很多男性都坦言自己喜歡與漂亮女性交往。

古語說：「女爲悅己者容。」對女人來說，「愛美」說明了她們對生活充滿希望，渴望得到喜歡的人關注和賞識，因此展現出積極的生活態度。現代的女性則或許會說：「女爲己悅而容。」打扮自己，是爲了讓自己隨時隨地從容、有自信，爲了讓自己開心，同時也讓別人舒心，何樂而不爲？

結婚前，**沒有一個女人能想像，自己在歲月流逝中會慢慢熬成「黃臉婆」**。她們絕不想讓心愛的男人看到自己逐漸老去、變得不好看的樣子。但實際上，許多女人結了婚後，就不再如從前清純可愛，而是爲了婚姻、家庭變得節省，不再購買漂亮的衣服、昂貴的化妝品，生了孩子而身材走樣，忙著照顧小孩而疏於打扮自己。

結婚前，女人素顏仍然能吸引男人，是因爲那時候有「年輕」的資本；但是，結婚後無情的歲月和煩瑣的家務，使女人的青春在不知不覺中消失殆盡。妳的犧牲、奉獻，或許能換來丈夫的愛，但也可能最終換來的是背叛。那些變了心的丈夫們，幾乎都會用黃臉婆、合不來、沒有情趣等詞，形容爲家務操勞的妻子。

因此，**女人千萬不要相信丈夫那套「即使妳不再美麗，我也不會嫌棄」的謊言**，而從此不再整理、打扮自己。爲什麼做「賢妻」的同時，不能同時也是「美妻」？

女人即使工作再忙、家務再多，也別捨不得花費時間和精力打扮自己。妳可以不天天化妝，但必須購置保養品，保養得宜就是最好的妝；妳可以不喜歡逛街，但必須不時爲自己添購新裝。

當然，除了外在形象之外，妳更應該注重自己的內在氣質。女人眞正的美麗是內外兼修，是外在與內心和諧的美，這兩者缺一不可。

俗話說：「世上沒有醜女人，只有不懂得如何使自己美麗的女人。」其實，讓自己變美一點也不難！

10 儲蓄愛情，一筆小收入也要爭取

即將出嫁的女兒問母親：「媽媽，結婚後我要怎麼經營我的愛情？」

母親沒有說話，而是用雙手從地上捧起一把滿滿的沙子。當她把雙手握拳時，沙子馬上從每個指縫間撒落下來，再攤開手，沙子已所剩無幾了。

此時，母親說：**「愛情，當妳抓得緊，它往往會跑得更快；反之，它會讓妳很滿意、很幸福。」**

夫妻相處的道理其實就是如此。當妳越強求，就越不能得。是妳的東西，不用強求也丟不掉，若不是妳的，即使強求得來也會失去。

有些人覺得婚姻是愛情甜蜜的續章，有些人卻覺得婚姻是愛情的墳墓；有些人以最莊重的態度面對婚姻，有些人卻把婚姻當兒戲。婚姻，需要雙方共同用心經營，才能走得更遠、更完美！

婚姻像銀行，用心經營資產就會增加

俗話說，相愛容易相處難。戀愛時，戀人之間帶著激情，總是極力呈現自己美好的一面，也樂於美化和包容對方；但結婚後，拉緊的神經便放鬆下來：我們是自己人，不必再時時害怕失去對方，可以坦然做自己了。

於是，本性慢慢顯露，度過最初的新婚蜜月期後，夫妻雙方就會進入磨合期。明智、成熟的人會安然接受，兩人齊心努力度過這個階段，婚姻和愛情就變得更加穩固。反之，若是對婚姻認知不當、心理承受能力低的人，一旦進入婚姻磨合階段，就會感到絕望，覺得婚姻和自己期待、想像的不一樣，婚姻讓愛情和愛人都變質，因而產生負面的思維，反而使婚姻解體。

除了夫妻之間的相處磨合之外，婚姻還牽涉妳與對方家庭成員的相處，像是自古以來的難題——婆媳關係，以及彼此家庭觀和價值觀的磨合。陌生的人總是需要時間相互了解、學習愛護對方，從中找出相處之道，這個過程很漫長，需要一顆安然接受的心和積極的態度。如果一遇挫折就放棄，婚姻就脆薄如紙了。

難道這段婚姻已經沒有感情基礎嗎？難道是曾經的愛人不再深愛對方了嗎？並非

如此，「家」還是許多人渴望且難以捨棄的港灣。

既然這樣，爲什麼又會有那麼多人選擇分開呢？這大概源於我們對婚姻生活的錯誤認知，以爲婚姻就是家常生活，以爲婚姻必須放棄自我，圍著「家」這個圈子轉。

其實，戀愛需要投入，婚姻不只要投入，更要經營。戀愛需要浪漫，婚姻更需要在平凡日常中點綴浪漫；戀愛需要理解，婚姻不只要理解，更要寬容。婚姻雖不是一樁買賣，卻也需要像做生意一樣規畫經營。

當愛情走過熱戀，到達婚姻殿堂時，那些熾熱、親暱的話語、彼此的神祕感正慢慢消退，取而代之的是平凡的小日子。

一個家庭就是一間愛情銀行。這個銀行裡，夫妻雙方都可以是董事長；而「業績」會蒸蒸日上或瀕臨破產，端看兩個人如何經營。只要兩個人悉心呵護，這個銀行的資產就會逐年增長。反之，就會越來越枯竭。

而經營愛情的祕訣，在於不斷儲蓄。即使結婚時並不那麼了解彼此，只要善加經營，多存入少提取，也能積累出一筆財富。即使婚前感情如漆似膠、轟轟烈烈，如果入不敷出，老本也會坐吃山空。

夫妻和企業一樣，都需要走好經營的每一步。**儲蓄愛情，哪怕只是一筆小收入也**

要爭取，小小支出也不要輕易拿出，如此堅持下去，就能累積出可觀的財富。特別是面臨「路邊野花」這樣的大考驗、大支出時，更要謹慎以對。千萬別因一時糊塗，而讓自己的銀行破產。

來自不同成長背景的兩個人，想要長期維持良好的關係本來就不容易，意見不合在所難免。但是，只要懂得好好經營，遇到狀況及時踩剎車，找出問題並好好修繕，兩人關係就能繼續維持。不要期待婚姻能十全十美，以饒恕、體諒的心看待，「離婚」這件事就不會是選項。

有位哲學家曾說：「丈夫只要稱讚妻子的舊衣服漂亮，她就不會吵著買新衣服；親一下她的眼睛，她就會變成瞎子；吻一下她的嘴脣，她就會變成啞巴。」反過來說，若妻子多稱讚丈夫的才能，他就會更加努力工作；溫柔的抱他一下，他就不會怒火衝天；吻一下他的嘴脣，他就不會惡言相向。用心經營婚姻中的感情，妳一定能和所愛的人白頭偕老！

國家圖書館出版品預行編目（CIP）資料

女人不能太單純：被黑、被渣、被排擠？女人單純惹人愛，太單純就有大困擾，不勾心鬥角也能幸福一生的醒腦書。／胡南著. -- 初版. -- 臺北市：任性出版有限公司，2024.06

304面；14.8×21公分.--（issue；63）
ISBN 978-626-7182-78-9（平裝）

1. CST：生活指導　2. CST：人生哲學　3. CST：女性

177.2　　113003017

issue 63

女人不能太單純

被黑、被渣、被排擠？女人單純惹人愛，太單純就有大困擾，不勾心鬥角也能幸福一生的醒腦書。

作　　者／胡南
責任編輯／連珮祺
副 主 編／馬祥芬
副總編輯／顏惠君
總 編 輯／吳依瑋
發 行 人／徐仲秋
會計助理／李秀娟
會　　計／許鳳雪
版權主任／劉宗德
版權經理／郝麗珍
行銷企劃／徐千晴
業務助理／連玉
業務專員／馬絮盈、留婉茹
行銷、業務與網路書店總監／林裕安
總 經 理／陳絜吾

出 版 者／任性出版有限公司
營運統籌／大是文化有限公司
臺北市 100 衡陽路 7 號 8 樓
編輯部電話：（02）23757911
購書相關諮詢請洽：（02）23757911 分機 122
24 小時讀者服務傳真：（02）23756999
讀者服務 E-mail：dscsms28@gmail.com
郵政劃撥帳號：19983366　戶名：大是文化有限公司

法律顧問／永然聯合法律事務所
香港發行／豐達出版發行有限公司
Rich Publishing & Distribution Ltd
香港柴灣永泰道 70 號柴灣工業城第 2 期 1805 室
Unit 1805, Ph.2, Chai Wan Ind City, 70 Wing Tai Rd, Chai Wan, Hong Kong
Tel：21726513　Fax：21724355　E-mail：cary@subseasy.com.hk

封面設計／初雨有限公司　內頁排版／孫永芳　印刷／鴻霖印刷傳媒股份有限公司
出版日期／2024 年 6 月　初版
定　　價／新臺幣 390 元（缺頁或裝訂錯誤的書，請寄回更換）
ＩＳＢＮ／978-626-7182-78-9（平裝）
電子書 ISBN ／ 9786267182772（PDF）
9786267182765（EPUB）

本書臺灣繁體版由四川一覽文化傳播廣告有限公司代理，經北京竹石文化傳播有限公司授權任性出版有限公司出版。

有著作權．侵害必究　Printed in Taiwan